PORQUE SOFREMOS

Huberto Rohden

TEXTO INTEGRAL

COLEÇÃO A OBRA-PRIMA DE CADA AUTOR

PorquE SofremoS

Huberto Rohden

TEXTO INTEGRAL

MARTIN CLARET

CRÉDITOS

© *Copyright* desta edição: Editora Martin Claret Ltda., 2004

IDEALIZAÇÃO E COORDENAÇÃO
Martin Claret

CAPA
Ilustração
Cláudio Gianfardoni

Direção de Arte
José Duarte T. de Castro

Editoração Eletrônica
Editora Martin Claret

MIOLO
Revisão
Maria de Fátima C. A. Madeira

Papel
Off-Set, 70g/m²

Projeto Gráfico
José Duarte T. de Castro

Impressão e Acabamento
PSI7

Editora Martin Claret Ltda. – Rua Alegrete, 62 – Bairro Sumaré
CEP: 01254-010 – São Paulo - SP
Tel.: (11) 3672-8144 – Fax: (11) 3673-7146

www.martinclaret.com.br / editorial@martinclaret.com.br

Agradecemos a todos os nossos amigos e colaboradores — pessoas físicas e jurídicas — que deram as condições para que fosse possível a publicação deste livro.

2ª REIMPRESSÃO – 2011

PALAVRAS DO EDITOR

A história do livro e a coleção "A Obra-Prima de Cada Autor"

MARTIN CLARET

Que é o livro? Para fins estatísticos, na década de 60, a UNESCO considerou o livro "uma publicação impressa, não periódica, que consta de no mínimo 56 páginas, sem contar as capas".

O livro é um produto industrial.

Mas também é mais do que um simples produto. O primeiro conceito que deveríamos reter é o de que o livro como objeto é o veículo, o suporte de uma informação. O livro é uma das mais revolucionárias invenções do homem.

A *Enciclopédia Abril* (1972), publicada pelo editor e empresário Victor Civita, no verbete "livro" traz concisas e importantes informações sobre a história do livro. A seguir, transcrevemos alguns tópicos desse estudo didático sobre o livro.

O livro na Antiguidade

Antes mesmo que o homem pensasse em utilizar determinados materiais para escrever (como, por exemplo, fibras vegetais e tecidos), as bibliotecas da Antiguidade estavam repletas de textos gravados em tabuinhas de barro cozido. Eram os primeiros "livros", depois progressivamente modificados até chegar a ser feitos — em grandes tiragens — em papel impresso mecanicamente, proporcionando facilidade de leitura e transporte. Com eles, tornou-se possível, em todas as épocas, transmitir fatos, acontecimentos históricos, descobertas, tratados, códigos ou apenas entretenimento.

Como sua fabricação, a função do livro sofreu enormes modificações dentro das mais diversas sociedades, a ponto de constituir uma mercadoria especial, com técnica, intenção e utilização determinadas. No moderno movimento editorial das chamadas sociedades de consumo, o livro pode ser considerado uma mercadoria cultural, com maior ou menor significado no contexto socioeconômico em que é publicado. Como mercadoria, pode ser comprado, vendido ou trocado. Isso não ocorre, porém, com sua função intrínseca, insubstituível: pode-se dizer que o livro é essencialmente um instrumento cultural de difusão de idéias, transmissão de conceitos, documentação (inclusive fotográfica e iconográfica), entretenimento ou ainda de condensação e acumulação do conhecimento. A palavra escrita venceu o tempo, e o livro conquistou o espaço. Teoricamente, toda a humanidade pode ser atingida por textos que difundem idéias que vão de Sócrates e Horácio a Sartre e McLuhan, de Adolf Hitler a Karl Marx.

Espelho da sociedade

A história do livro confunde-se, em muitos aspectos, com a história da humanidade. Sempre que escolhem frases e temas, e transmitem idéias e conceitos, os escritores estão elegendo o que consideram significativo no momento histórico e cultural que vivem. E assim, fornecem dados para a análise de sua sociedade. O conteúdo de um livro — aceito, discutido ou refutado socialmente — integra a estrutura intelectual dos grupos sociais.

Nos primeiros tempos, o escritor geralmente vivia em contato direto com seu público, que era formado por uns poucos letrados, já cientes das opiniões, idéias, imaginação e teses do autor, pela própria convivência que tinha com ele. Muitas vezes, mesmo antes de ser redigido o texto, as idéias nele contidas já haviam sido intensamente discutidas pelo escritor e parte de seus leitores. Nessa época, como em várias outras, não se pensava no enorme percentual de analfabetos. Até o século XV, o livro servia exclusivamente a uma pequena minoria de sábios e estudiosos que constituíam os círculos intelectuais (confinados aos mosteiros no início da Idade Média) e que tinham acesso às bibliotecas, cheias de manuscritos ricamente ilustrados.

Com o reflorescimento comercial europeu em fins do século XIV, burgueses e comerciantes passaram a integrar o mercado livreiro da época. A erudição laicizou-se, e o número de escritores aumentou, surgindo também as primeiras obras escritas em línguas que não o latim e o grego (reservadas aos textos clássicos e aos assuntos considerados dignos de atenção).

Nos séculos XVI e XVII, surgiram diversas literaturas nacionais, demonstrando, além do florescimento intelectual da época, que a população letrada dos países europeus estava mais capacitada a adquirir obras escritas.

Cultura e comércio

Com o desenvolvimento do sistema de impressão de Gutenberg, a Europa conseguiu dinamizar a fabricação de livros, imprimindo, em cinqüenta anos, cerca de vinte milhões de exemplares para uma população de quase cem milhões de habitantes, a maioria analfabeta. Para a época, isso significou enorme revolução, demonstrando que a imprensa só se tornou uma realidade diante da necessidade social de ler mais.

Impressos em papel, feitos em cadernos costurados e posteriormente encapados, os livros tornaram-se empreendimento cultural e comercial: os editores passaram logo a se preocupar com melhor apresentação e redução de preços. Tudo isso levou à comercialização do livro. E os livreiros baseavam-se no gosto do público para imprimir, sobretudo, obras religiosas, novelas, coleções de anedotas, manuais técnicos e receitas.

O percentual de leitores não cresceu na mesma proporção que a expansão demográfica mundial. Somente com as modificações socioculturais e econômicas do século XIX — quando o livro começou a ser utilizado também como meio de divulgação dessas modificações, e o conhecimento passou a significar uma conquista para o homem, que, segundo se acreditava, poderia ascender socialmente se lesse — houve um relativo aumento no número de leitores, sobretudo na França e na Inglaterra, onde alguns editores passaram a produzir, a preços baixos, obras completas de autores famosos. O livro era então interpretado como símbolo de liberdade, conseguida por conquistas culturais. Entretanto, na maioria dos países, não houve nenhuma grande modificação nos índices percentuais até o fim da Primeira Guerra Mundial (1914/18), quando surgiram as primeiras grandes tiragens de livros, principalmente romances, novelas e textos didáticos. O número elevado de cópias, além de baratear o preço da unidade, difundiu ainda mais a literatura. Mesmo assim, a maior parte da população de muitos países continuou distanciada, em parte porque o livro, em si, tinha sido durante muitos séculos considerado objeto raro, passível de ser adquirido somente por um pequeno número de eruditos. A grande massa da população mostrou maior receptividade aos jornais, periódicos e folhetins, mais dinâmicos e atualizados, além de acessíveis ao poder aquisitivo da grande maioria.

Mas isso não chegou a ameaçar o livro como símbolo cultural de difusão de idéias, como fariam, mais tarde, o rádio, o cinema e a televisão.

O advento das técnicas eletrônicas, o aperfeiçoamento dos métodos fotográficos e a pesquisa de materiais praticamente imperecíveis fazem alguns teóricos da comunicação de massa pensar em um futuro sem os livros tradicionais, com seu formato quadrado ou retangular, composto de folhas de papel, unidas umas às outras por um dos lados.

Seu conteúdo e suas mensagens, racionais ou emocionais, seriam transmitidos por outros meios, como, por exemplo, microfilmes e fitas gravadas.

A televisão transformaria o mundo inteiro em uma grande "aldeia" (como afirmou Marshall McLuhan), no momento em que todas as sociedades decretassem sua prioridade em relação aos textos escritos.

Mas a palavra escrita dificilmente deixaria de ser considerada uma das mais importantes heranças culturais, para todos os povos.

E no decurso de toda a sua evolução, o livro sempre pôde ser visto como objeto cultural (manuseável, com forma entendida e interpretada em função de valores plásticos) e símbolo cultural (dotado de conteúdo, entendido e interpretado em função de valores semânticos). As duas maneiras podem fundir-se no pensamento coletivo, como um conjunto orgânico (em que texto e arte se completam, como, por exemplo, em um livro de arte) ou apenas como um conjunto textual (no qual a mensagem escrita vem em primeiro lugar — em um livro de matemática, por exemplo).

A mensagem (racional, prática ou emocional) de um livro é sempre intelectual e pode ser revivida a cada momento.

O conteúdo, estático em si, dinamiza-se em função da assimilação das palavras pelo leitor, que pode discuti-las, reafirmá-las, negá-las ou transformá-las. Por isso, o livro pode ser considerado um instrumento cultural capaz de liberar informação, sons, imagens, sentimentos e idéias através do tempo e do espaço.

A quantidade e a qualidade das idéias colocadas em um texto podem ser aceitas por uma sociedade, ou por ela negadas, quando entram em choque com conceitos ou normas culturalmente admitidas.

Nas sociedades modernas, em que a classe média tende a considerar o livro como sinal de *status* e cultura (erudição), os compradores utilizam-no como símbolo mesmo, desvirtuando suas funções ao transformá-lo em livro-objeto.

Mas o livro é, antes de tudo, funcional — seu conteúdo é que lhe confere valor (como os livros das ciências, de filosofia, religião, artes, história e geografia, que representam cerca de 75% dos títulos publicados anualmente em todo o mundo).

O mundo lê mais

No século XX, o consumo e a produção de livros aumentaram progressivamente. Lançado logo após a Segunda Guerra Mundial (1939/45), quando uma das características principais da edição de um livro eram as capas entreteladas ou cartonadas, o livro de bolso constituiu um grande êxito comercial. As obras — sobretudo *best sellers* publicados algum tempo antes em edições de luxo — passaram a ser impressas em rotativas, como as revistas, e distribuídas às bancas de jornal. Como as tiragens elevadas permitiam preços muito baixos, essas edições de bolso popularizaram-se e ganharam importância em todo o mundo.

Até 1950, existiam somente livros de bolso destinados a pessoas de baixo poder aquisitivo; a partir de 1955, desenvolveu-se a categoria do livro de bolso "de luxo". As características principais destes últimos eram a abundância de coleções — em 1964 havia mais de duzentas nos Estados Unidos — e a variedade de títulos, endereçados a um público intelectualmente mais refinado.

A essa diversificação das categorias adiciona-se a dos pontos-de-venda, que passaram a abranger, além das bancas de jornal, farmácias, lojas, livrarias, etc. Assim, nos Estados Unidos, o número de títulos publicados em edições de bolso chegou a 35 mil em 1969, representando quase 35% do total dos títulos editados.

Proposta da coleção
"A Obra-Prima de Cada Autor"

A palavra "coleção" é uma palavra há muito tempo dicionarizada, e define o conjunto ou reunião de objetos da mesma natureza ou que têm qualquer relação entre si. Em um sentido editorial, significa o conjunto não-limitado de obras de autores diversos, publicado por uma mesma editora, sob um título geral indicativo de assunto ou área, para atendimento de segmentos definidos do mercado.

A coleção "A Obra-Prima de Cada Autor" corresponde plenamente à definição acima mencionada. Nosso principal objetivo é oferecer, em formato de bolso, a obra mais importante de cada autor, satisfazendo o leitor que procura qualidade.*

Desde os tempos mais remotos existiram coleções de livros. Em Nínive, em Pérgamo e na Anatólia existiam coleções de obras literárias de grande importância cultural. Mas nenhuma delas superou a célebre biblioteca de Alexandria, incendiada em 48 a.C. pelas legiões de Júlio César, quando estes arrasaram a cidade.

A coleção "A Obra-Prima de Cada Autor" é uma série de livros a ser composta de mais de 400 volumes, em formato de bolso, com preço altamente competitivo, e pode ser encontrada em centenas de pontos-de-venda. O critério de seleção dos títulos foi o já estabelecido pela tradição e pela crítica especializada. Em sua maioria, são obras de ficção e filosofia, embora possa haver textos sobre religião, poesia, política, psicologia e obras de auto-ajuda. Inauguram a coleção quatro textos clássicos: *Dom Casmurro*, de Machado de Assis; *O Príncipe*, de Maquiavel; *Mensagem*, de Fernando Pessoa e *O Lobo do Mar*, de Jack London.

Nossa proposta é fazer uma coleção quantitativamente aberta. A periodicidade é mensal. Editorialmente, sentimo-nos orgulhosos de poder oferecer a coleção "A Obra-Prima de Cada Autor" aos leitores brasileiros. Nós acreditamos na função do livro.

---

* Atendendo a sugestões de leitores, livreiros e professores, a partir de certo número da coleção, começamos a publicar, de alguns autores, outras obras além da sua obra-prima.

Advertência do autor

A substituição da tradicional palavra latina *crear* pelo neologismo moderno *criar* é aceitável em nível de cultura primária, porque favorece a alfabetização e dispensa esforço mental — mas não é aceitável em nível de cultura superior, porque deturpa o pensamento.

Crear é a manifestação da Essência em forma de existência — *criar* é a transição de uma existência para outra existência.

O Poder Infinito é o *creador* do Universo — um fazendeiro é um *criador* de gado.

Há entre os homens gênios *creadores*, embora não sejam talvez *criadores*.

A conhecida lei de Lavoisier diz que "na natureza nada se *crea*, nada se aniquila, tudo se transforma", se grafarmos "nada se *crea*", esta lei está certa, mas se escrevermos "nada se *cria*", ela resulta totalmente falsa.

Por isso, preferimos a verdade e clareza do pensamento a quaisquer convenções acadêmicas.

Prefácio do editor
para esta edição

Qualquer curso ou manual de editoração ensina que um dos primeiros mandamentos do editor deve ser o "respeito pelo Leitor".

Em quase duas décadas de atividade editorial temos feito todo esforço para realizar esse princípio: o Leitor em primeiro lugar.

Em 1977, quando o professor Huberto Rohden nos entregou os originais deste livro para a publicação da 3ª edição, ele havia modificado quase todo o conteúdo da edição anterior, eliminando capítulos e substituindo outros, ficando o texto final terrivelmente reduzido. Foi publicado com 160 páginas. Muitas estavam simplesmente em branco. Recurso usado para tornar o livro quantitativamente "livro".

Profissionalmente nunca achamos que esse recurso de aumentar páginas de um livro para torná-lo comercial estivesse coerente com nosso desejo de informar e bem servir o Leitor.

Diante destes fatos, decidimos usar as páginas em branco com outros escritos de autoria de Rohden, relativos ao assunto Sofrimento, e mais um texto praticamente inédito. Portanto, a partir desta edição, Porque Sofremos sairá com três partes: a primeira será constituída do livro original propriamente dito; a segunda será uma coletânea de capítulos sobre o tema Sofrimento, antologias de outras obras do autor; e a terceira parte, a menor, será constituída do pequeno opúsculo Ciência, Milagre e Oração são Compatíveis?, impresso em edição particular mas que tanto livreiros *como Leitores de Rohden freqüentemente insistem para que novamente fosse publicado.*

Acreditamos que esta reorganização quantitativa na obra trará benefícios para todos, principalmente para o Leitor que terá no mesmo livro outros importantes textos do autor.

Uma outra inovação: a partir desta edição o livro terá nova capa. Foi idealizada e construída tendo como referência o famoso quadro de Salvador Dali Jesus Cristo de São João da Cruz, *onde se vê o Cristo crucificado de um ângulo inusitado. Certamente um símbolo onde o pintor mostra o sofrimento de sua verdadeira perspectiva — a perspectiva cósmica.*

Ao terminarmos este Prefácio queremos fazê-lo com as próprias palavras do autor: "Autoconhecimento e auto-realização são a verdadeira felicidade."

O Editor

PRIMEIRA PARTE

PORQUE SOFREMOS:
UMA RESPOSTA UNIVÉRSICA

Introdução

*E*ste livro é um dos meus livros mais lidos.
Por quê?
Porque focaliza um fenômeno universal da humanidade.

Sei de pessoas que estavam em vésperas de suicídio, leram alguns dos capítulos deste livro — e vivem até hoje, resignadas com os revezes da vida.

Se o sofredor não chegou a ser um regenerado, pode, pelo menos, deixar de ser um revoltado, e viver como um conformado.

Poucos podem evitar o sofrimento — todos podem aprender como sofrer.

O principal não é não-sofrer — o principal é saber sofrer.

Querer consolar alguém em pleno sofrimento, nem sempre é possível; o remédio contra o sofrimento deve começar antes de qualquer sofrimento — assim como a vacina contra uma doença deve ser aplicada em plena saúde. Napoleão Bonaparte, interrogado quando devia começar a educação de uma criança, respondeu "pelo menos 20 anos antes dela nascer".

Assim, a profilaxia contra a dor não pode ser dada no momento da tragédia, mas em plena bonança e saúde; o remédio não consiste num ato transitório, mas numa atitude permanente do homem. Se o homem não assumir uma atitude de verdade e compreensão sobre si mesmo e harmonizar a sua vida com essa consciência, não encontrará consolo na hora do sofrimento.

O sofrimento atinge o nosso ego humano, e não o nosso Eu divino. Quem confunde o seu ego periférico com o seu Eu central, não tolera o sofrimento.

Na presente edição do livro, modificamos quase todo o conteúdo das edições anteriores, dizendo de um modo mais direto e claro o que outrora era dito mais literariamente. Substituímos muitos capítulos por outros. Tratamos mais da alma do que do corpo e do sofrimento. Frisamos que nem todo o sofrimento é débito — há muito sofrimento-crédito, e há também sofrimento substitutivo, por culpas alheias.

O principal, repetimos, não é não-sofrer — o principal é saber-sofrer.

E este saber-sofrer supõe que o homem conheça a verdade sobre si mesmo, porquanto "conhecereis a verdade — e a verdade vos libertará".

Também nos libertará da revolta contra o sofrimento.

O sofrimento evolutivo
da natureza e na humanidade

Toda a vida da natureza em evolução está baseada numa espécie de sorriso sadio.
Não há evolução sem resistência ou sofrimento.
O sofrimento sadio está a serviço da integridade e evolução do corpo. Se um ferimento não causasse dor, nenhum organismo existiria sem lesões corporais.
Na humanidade, porém, aparece um novo motivo de sofrência, que não visa apenas o corpo, mas a realização do homem integral.
Sem sofrimento não há evolução superior, mas perpétua estagnação.
O homem é um homem realizável, mas não realizado. Pode estar terminada a sua evolução corporal — falta, porém, a sua realização hominal.
Diz um pensador moderno: "Deus criou o homem o menos possível, para que o homem se possa crear o mais possível".
Essa transição ascensional do *menos* para o *mais* implica em sofrência, num sofrimento sadio e evolutivo.
Se não houvesse sofrimento na humanidade, haveria eterna estagnação, ou até involução.
Mas as leis cósmicas do Universo exigem imperiosamente evolução.
O centro de todo o homem é o seu Eu espiritual, a sua alma, o seu Deus interno. Mas esse Deus interno no homem se acha, de início, em estado embrionário, meramente potencial. Para desen-

volver esse embrião divino, deve o homem atualizar o que é apenas potencial — e isto requer esforço, luta, sofrimento.

Uma semente não pode brotar em planta, se não se romper o invólucro duro da semente — e isto lembra um sofrimento.

O destino do homem, aqui na terra, é iniciar a relação de uma natureza, que é sua felicidade. Esta felicidade é compatível tanto com o gozo como com o sofrimento, porque gozo e sofrimento são atributos do ego periférico, ao passo que felicidade (ou infelicidade) estão no Eu central.

O que mais deve preocupar o homem não é gozo ou sofrimento, mas felicidade ou infelicidade. Feliz é todo o homem cuja consciência está em harmonia com a Consciência Cósmica, com a Alma do Universo, com Deus. Gozo e sofrimento, como já dissemos, vêm das circunstâncias externas, que não obedecem ao homem — felicidade ou infelicidade vêm da sua substância interna, que obedecem ao homem.

Melhor um sofredor feliz do que um gozador infeliz.

O desenho abaixo ilustra a relação entre o Eu central e o ego periférico do homem.

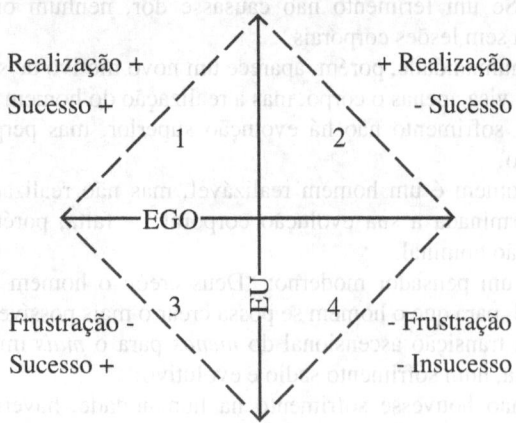

A linha vertical designa o Eu, que pode ser feliz ou infeliz.
A linha horizontal designa o ego, que goza ou sofre.
Pode o homem feliz gozar, como ilustra a linha coordenada 1.
Pode o homem feliz sofrer, como indica a coordenada 2. Pode o

homem infeliz gozar, como no número 3. Pode o homem infeliz sofrer, como indica o número 4.

A linha vertical que aponta para cima da horizontal designa a *realização existencial*, quer no gozo (1), quer no sofrimento (2).

A linha vertical para baixo da linha horizontal designa a *frustração existencial*, que é possível tanto no 3 como no 4. Pode um homem espiritual ter sucesso ou insucesso social. Pode um homem não-espiritual ter sucesso ou insucesso social.

O principal não é ter sucesso ou insucesso social, o principal é ser realizado e não frustrado espiritualmente.

Em muitos casos, o sofrimento ou insucesso social, impede a frustração e promove a realização existencial. Isto depende da atitude que o homem assumir em face do sofrimento.

Há entre os sofredores três classes:

1. os revoltados, 2. os resignados, 3. os regenerados.

Os revoltados assumem atitude negativa em face do sofrimento, que, por isto, os leva à frustração.

Os resignados assumem atitude de estoicismo passivo, toleram em silêncio o inevitável — estes não se realizam nem se frustram pelo sofrimento, mas ficam num *status quo*, numa estagnação neutra.

Os regenerados assumem uma atitude positiva em face do sofrimento, servindo-se dele para sua purificação e maturação espiritual. Para estes, o sofrimento, embora doloroso, conduz à felicidade.

O sofrimento em si não pode perder nem redimir o homem — o homem é que se perde ou que se redime pela atitude que assumir em face do sofrimento.

Disse o Mestre aos discípulos de Emaús: "Não devia o Cristo sofrer tudo isso para entrar em sua glória?"

O sofredor sensato compreende estas palavras e pode dizer: não devia eu então sofrer tudo isso para assim entrar na minha realização existencial?

É sabedoria evitar o que é evitável — e tolerar calmamente o que é inevitável.

Origem e natureza
do sofrimento humano

A inda que o sofrimento seja um fenômeno universal na natureza dos seres vivos, a fim de promover a sua evolução, contudo, no mundo da humanidade, existe um sofrimento diferente, que é antes *doentio* do que *sadio*. O homem não sofre apenas para promover sua evolução natural, sofre também, e sobretudo, porque existe nele algo que não devia existir, algo criado pelo livre-arbítrio, que pode produzir fenômenos positivos e bons, e pode também produzir fenômenos negativos e maus.

Na humanidade atual, prevalecem os fenômenos menos negativos e maus. Não vivemos numa humanidade definitiva e ideal, vivemos ainda numa humanidade provisória e imperfeita.

Os grandes videntes do passado têm falado e escrito sobre esta humanidade negativa, que deu origem ao sofrimento doentio.

Cerca de seis séculos antes da Era Cristã, um famoso príncipe hindu, Gautama Siddartha — mais conhecido pelo seu nome iniciático Buda —, resumiu esse fenômeno negativo nas chamadas "quatro verdades nobres". Estas verdades dizem o seguinte:

1- a vida do homem é essencialmente sofrimento,

2 - a causa deste sofrimento é a ilusão tradicional em que vive o homem identificando-se com o seu ego periférico (*Aham*),

3 - a abolição do sofrimento doentio está no conhecimento da verdade sobre o seu Eu central (*Atmam*),

4 - o método para passar da ilusão do ego à verdade do Eu é a meditação.

Cerca de mil anos antes de Buda, por volta de 1500 antes de

Cristo, um grande vidente hebreu-egípcio, Moisés, escreveu as primeiras páginas do Gênesis sobre a origem e o motivo do sofrimento humano.

Segundo Moisés, o corpo do homem perfeito seria imortal e não sujeito a doenças. Mas este homem perfeito não existia ainda, a não ser esporadicamente. O grosso da humanidade atual representa ainda a velha humanidade, cheia de males e sujeita à morte.

Por que não apareceu a humanidade perfeita?

Moisés serve-se de uma parábola intuitiva para indigitar a causa desse fenômeno. Essa parábola intuitiva, porém, quando analisada intelectualmente por nós, não nos dá clareza. Quando os exotéricos profanos interpretam a visão esotérica de um iniciado, aparecem muitas obscuridades. Moisés fala simbolicamente do "sopro de Deus" e da "voz da serpente" para designar as duas potências que regem todo o homem: o *espírito* e a *inteligência*. O homem planejado pelo espírito do sopro de Deus seria um homem perfeito, o *Atmam* de Buda e da filosofia oriental, o *Ish* do Talmud judaico.

Mas a voz da inteligência, simbolizada pela serpente, desde o início, barrou a evolução do homem, desviando a evolução espiritual para uma pseudo-evolução intelectual. O sopro de Deus é a "árvore da vida" — a voz da serpente é a "árvore do conhecimento do que é bom e do que é mal".

À primeira vista, parece que a serpente derrotou Deus, que a inteligência derrotou o espírito — e é esta a explicação que os intérpretes profanos e exotéricos dão do Gênesis.

Na realidade, porém, não houve, nem podia haver essa suposta derrota; o espírito de Deus, havendo creado uma criatura de livre-arbítrio, não podia impedir que o homem fosse o senhor do seu destino e se creasse assim como ele queria. O livre-arbítrio, porém, se revela, inicialmente, pela inteligência, eclipsando por muito tempo o espírito — porquanto a evolução principia na periferia e demanda o centro.

Por enquanto, a evolução do homem é meramente intelectual, e não espiritual; a inteligência, em vez de se integrar no espírito, tenta suplantar o espírito. Diz a sabedoria milenar da Bhagavad Gita que "o ego (inteligência) é o pior inimigo do Eu (espírito), embora o Eu seja o melhor amigo do ego".

Até hoje, através de séculos e milênios, o ego intelectual (serpente) guerreia o Eu espiritual (Deus). Em conseqüência dessa prevalência da inteligência negativa sobre o espírito positivo, a humanidade está sujeita a doenças e à morte. Mas, quando o Eu divino integrar em si o ego humano, realizar-se-á o que Moisés vislumbrou num futuro longínquo: O aparecimento do homem perfeito, sem males nem morte. O homem da presente humanidade, dominada ainda pela serpente intelectual, é chamado por Jesus "filho de mulher" ao passo que o homem da nova humanidade denominado pelo espírito de Deus, é chamado "Filho do homem", do qual era Jesus o representante antecipado. Possivelmente, Moisés foi também um precursor da nova humanidade, razão porque a teologia judaica o chama *Ish* (*Atmam*, Eu), e não *Adam* (*Aham*, ego).

No meu livro recente *A Nova Humanidade* expliquei detalhadamente as duas fases evolutivas da velha e da nova humanidade.

Da velha humanidade, diz o Cristo: "O príncipe deste mundo, que é o poder das trevas, tem poder sobre vós".

Da nova humanidade diz ele: "Sobre mim ele não tem poder algum, porque eu venci o mundo".

O príncipe deste mundo é o poder da serpente, da inteligência, que é um poder tenebroso, causador de maldades e de males de toda a espécie.

Jesus não teve pecado nem sofreu doenças e morte compulsória, porque tinha vencido o mundo adâmico da serpente intelectual, e estava num mundo cósmico do sopro espiritual.

Os nossos males não terão fim enquanto não nos libertarmos do poder do príncipe deste mundo, a que a humanidade se entregou inicialmente, e da qual se deve libertar finalmente.

As leis cósmicas são inexoráveis: o que o homem faz pelo poder do seu livre-arbítrio pode ele desfazer pelo mesmo poder.

Por ora, o grosso da humanidade está dominado pelo poder das trevas, que se manifesta pelo ego intelectual: o triunfo da inteligência e a derrota do espírito. Nenhuma medicina, nenhuma psicologia, nenhuma psiquiatria podem melhorar substancialmente o estado calamitoso da nossa humanidade sofredora, porque pecadora. Tudo o que estamos fazendo são paliativos, camuflagens, charlatanismos, que tentam remover sintomas do mal, mas não erradicam a raiz do mal. Todos os nossos paliativos são ditados pelo próprio príncipe deste mundo, que é responsável pelo estado calamitoso da humanidade, sobre a qual ele tem poder.

Em face desse tenebroso círculo vicioso, deverá a maior parte da humanidade atual passar por tragédias, talvez pelo extermínio.

O que o leitor vai ler nas páginas deste livro não tem a intenção de abolir os sofrimentos, mas de dar aos homens de boa vontade uma perspectiva certa em face dos males.

Enquanto a humanidade não se libertar da terrível e doce tirania do príncipe deste mundo, aceitando realmente, e não apenas verbalmente, a mensagem da Luz do Mundo, não temos esperança alguma de superar os males da velha humanidade e entrar na glória da nova humanidade.

Todos os poderes que governam a humanidade trabalham sob o signo da inteligência, da violência e do dinheiro — que são os embaixadores plenipotenciários do poder das trevas, que continua a dar o que prometeu a seus servidores: "todos os reinos do mundo e a sua glória".

No caso que algum governo quisesse libertar-se da tirania do príncipe deste mundo e proclamar a soberania do Cristo, seria imediatamente boicotado por seus colegas e inutilizado.

O mal da nossa humanidade não é este ou aquele mal isoladamente, é a maldade coletiva mancomunada em protesto contra a "Luz do Mundo".

Nos países chamados cristãos acresce a agravante de que, para guardar as aparências, se acha hasteada sobre o quartel-general do Anticristo a bandeira do Cristo. Destarte, continua o Mestre a ser traído por um beijo de seu discípulo: "Amigo, a que vieste? com um beijo tu atraiçoas o Filho do Homem?"

A nossa humanidade, que nasceu sob o signo do poder das trevas, acabará, segundo os videntes, num suicídio coletivo, sob o signo do príncipe deste mundo.

Sofrimento substitutivo

A lém do sofrimento evolutivo, que abrange toda a natureza dos seres vivos, há um sofrimento substitutivo, que é próprio da humanidade.

Onde há livre-arbítrio, pode haver, e, onde há culpa, deve haver reação em forma de pena ou sofrimento. É esta a expressão das leis cósmicas, que exigem reequilibramento de qualquer desequilíbrio.

Por isto, sofre o justo pelo pecador. O justo não desequilibrou o equilíbrio das leis cósmicas, mas, como o pecador as desequilibrou, e não as reequilibrou, deve o justo ajudar a fazer o que o injusto não fez.

É esta a justiça do Universo — a sua justeza, o seu ajustamento.

A humanidade é um todo orgânico e solidário; deve a parte justa da humanidade sofrer pelo que a parte injusta pecou.

Não há nisto injustiça. Injustiça seria, se o justo, sofrendo pelo pecador, se tornasse também pecador, o que é impossível.

A sofrência do inocente não diminui em nada o valor dele, podendo mesmo aumentá-lo. Pode o justo aumentar o seu próprio crédito, enquanto ajuda a pagar débito alheio.

A finalidade da existência do homem aqui na terra não é sofrer nem gozar, mas é realizar-se — e isto é possível tanto no gozo como no sofrimento. Gozo e sofrimento são fenômenos facultativos da vida, o necessário é somente a realização do homem, como dizia o Mestre: "Uma só coisa é necessária".

A fim de ilustrar a possibilidade de um sofrimento substitutivo, um sofrimento por culpa alheia, sirvamo-nos da comparação seguinte:

O paladar do homem ingere veneno, por ser de sabor agradável; a conseqüência desta aberração (pecado) não é somente a morte do paladar, mas sim a morte do corpo todo, embora as pernas, os braços, o coração e os pulmões não sejam culpados; a organicidade do corpo implica nessa solidariedade do sofrimento.

O indivíduo humano não é um átomo isolado e separado do organismo da humanidade; é uma parte integrante dela; por isto, sofre a parte por outra parte ou pelo todo.

Nenhum homem é mau só para si — o seu ser-mau faz mal a todos.

Nenhum homem é bom isoladamente — o seu ser-bom faz bem a todos.

A maldade de muitos faz mal a todos — a bondade de muitos faz bem a todos.

"Quando um único homem — escreve Mahatma Gandhi — chega à plenitude do amor, neutraliza o ódio de milhões" e quando ele viu que o chefe de polícia o acompanhava com uma arma de fogo para o defender, em caso de atentado, Gandhi murmurou: "Enquanto alguém deve defender alguém com violência, eu não cumpri ainda a minha missão".

Inversamente, poderíamos dizer: quando um homem chega ao abismo do ódio, reforça o ódio de milhões.

Ninguém pode herdar o pecado de outrem, mas pode sofrer porque outro pecou.

Se uma criança nasce defeituosa, não prova isto necessariamente que ela pecou numa existência anterior; isto lhe pode acontecer porque todo o indivíduo vive num ambiente envenenado pelas maldades da humanidade, conforme as palavras do Mestre: "O príncipe deste mundo, que é o poder das trevas, tem poder sobre vós".

Enquanto a humanidade for pecadora, haverá sofredores, ainda que inocentes.

O Apocalipse fala da abolição de todo o sofrimento — mas isto só acontecerá quando houver "um novo céu e uma nova terra", e quando "o reino dos céus for proclamado sobre a face da terra", isto é, quando não houver mais uma humanidade pecadora, então deixará de haver sofrimento individual.

Há quem julgue que uma grande espiritualidade possa diminuir ou mesmo abolir o sofrimento. Mas é experiência universal que são precisamente os homens espirituais, os santos, os iniciados, os que mais sofrem. Por quê? Porque, quando o homem já não tem débito próprio, se torna ele um sofredor ideal por débito alheio. É esta a razão por que os santos e iniciados costumam sofrer serenamente, por que se sentem como pecadores de débitos alheios.

Sofrer por débito próprio é vergonhoso — sofrer por débito alheio é honroso.

Enquanto a nossa humanidade for *adâmica*, vigorará esta lei de solidariedade. Somente uma humanidade *cósmica*, como a de Jesus, não teria sofrimento compulsório; nesta nova humanidade, o homem poderia dizer: "Ninguém me tira a vida; eu é que deponho a minha vida quando eu quero, e retomo a minha vida quando eu quero". Assim fala o "Filho do Homem", mas nós somos "filhos de mulher".

A alergia ao sofrimento é da humanidade adâmica — a imunidade é da humanidade cósmica. Na humanidade cósmica, do Cristo e dos grandes avatares, não há o sofrimento e morte compulsórios, embora possa haver sofrimento e morte voluntários. Nesta humanidade impera absoluta libertação e liberdade.

Enquanto vivermos na humanidade adâmica, haverá sofrimento, tanto de culpados como de inocentes. E, durante esta vivência, a sabedoria do sofredor consiste em sofrer serenamente. Quem puder dizer com Paulo de Tarso: "Eu exulto de júbilo no meio de todas as minhas tribulações", esse atingiu elevado grau de evolução humana.

Sofrimento — crédito

M uitos conhecem apenas o sofrimento débito, sofrimento por culpa própria ou alheia.
Mas há também um sofrimento — crédito.
Os livros sacros referem vários exemplos de sofrimento-crédito.
Job, o rico fazendeiro de Hus, sofreu a perda de toda a sua fortuna e de seus filhos, e, por fim, da própria saúde — e, no entanto, declara a Bíblia, que era um homem justo.
Três amigos do oriente, Elifas, Baldad e Sofar, tentam provar-lhe que ele é um pecador. Job protesta a sua inocência. Finalmente, intervém o próprio Deus e declara que Job é inocente. Ele não sofre por nenhum pecado, próprio ou alheio; os sofrimentos dele têm o fim de o levar a uma espiritualidade ainda maior do que tinha.
Sofrimento-crédito.
O cego de nascença, referido pelo Evangelho, segundo a declaração de Jesus, não sofria por nenhum débito, nem próprio nem alheio, mas sim "para que nele se revelassem as obras de Deus".
Essas "obras de Deus" são a evolução espiritual do cego, o qual, sem esse sofrimento, não teria saído da rotina horizontal do seu ego humano, para subir à verticalidade do seu Eu divino.
Sofrimento-crédito.
No domingo da ressureição, os dois discípulos de Emaús estão perplexos, porque um homem justo como o Nazareno havia sofrido a morte de crucifixão. Ao que o próprio Jesus, que os acompanhava, desconhecido, lhes responde: "Não devia então o Cristo sofrer tudo isto e assim entrar em sua glória?"

A entrada na glória indica o sofrimento.

Jesus não sofreu por pecado próprio, que não tinha, nem por pecados alheios, mas sim para realizar ainda mais plenamente seu Eu espiritual, que ele chama a entrada na glória.

Por maior que fosse a realidade espiritual de Jesus, ao nascer, toda a creatura é ulteriormente realizável. A Epístola aos Hebreus afirma que o sofrimento e a morte de Jesus o levaram a uma perfeição maior.

Jesus nunca afirma haver sofrido para pagar pelos pecados da humanidade, como dizem os teólogos humanos.

Na Epístola aos Filipenses, Paulo de Tarso atribui esta evolução ao próprio Cristo cósmico, quando escreve: "Ele (o Cristo), que estava na glória de Deus, não julgou dever aferrar-se a essa divina igualdade; mas esvaziou-se dos esplendores da Divindade e se revestiu de forma humana, tornando-se servo, vítima, crucificado; e por isto Deus o super-exaltou e lhe deu um nome superior a todos o nomes, de maneira que, em nome do Cristo, se dobrem todos os joelhos das creaturas celestes, terrestres e infraterrestres; e todos proclamam que ele é o Senhor".

Paulo parece pois admitir um sofrimento-crédito no próprio Cristo, de maneira que o Cristo se elevou a um super-Cristo.

Aliás, toda e qualquer creatura é ulteriormente evolvível, e Paulo escreve que o Cristo é o "primogênito de todas as creaturas, não terrestres, mas cósmicas".

Todo o sofrimento-crédito é compatível com sofrimento débito.

Pode alguém sofrer por débitos próprios, quando os tem, ou por débitos alheios, quando não tem débito próprio, e ao mesmo tempo aumentar o seu crédito próprio.

O sofrimento-crédito é fator de aperfeiçoamento, ou auto-realização, quando realizado devidamente.

De maneira que nenhum sofredor tem motivo para desânimo, pessimismo ou desespero. Em hipótese alguma, pode o fenômeno objetivo do sofrimento ser prejudicial ao homem. O principal não é sofrer ou não sofrer; a principal tarefa de todo o homem, aqui na terra, é realizar-se cada vez mais.

E, por mais desagradável que seja nossa auto-realização, ela é, quase sempre, mais favorecida pelo sofrimento do que pelo gozo. Uma vida de gozo reforça o ego humano, uma vida de sofrimento fortalece o Eu divino do homem.

A revolta habitual contra o sofrimento prova que o homem não compreendeu a verdadeira razão-de-ser da sua existência terrestre, que não é gozo nem sofrimento, mas auto-realização. E, como a auto-realização é impossível sem reconhecimento, deve o homem, acima de tudo, realizar o seu autoconhecimento, saindo da ilusão tradicional de se identificar com o seu ego humano, e entrar na verdade libertadora de se identificar com o seu Eu divino, com sua alma, com o Cristo interno, com o Pai imanente: "Eu e o Pai somos um".

A maior acerbidade do sofrimento não é o sofrimento em si mesmo, mas é a absurdidade do sofrimento. Mas essa absurdidade desaparece quando o homem sabe realmente o que ele é.

Então, todo o sofrimento é, pelo menos, tolerável. Tudo pode o homem tolerar quando ele se tolera a si mesmo.

Sofredores
profanos e iniciados

O problema não é sofrer ou não sofrer — o problema está em saber sofrer, ou não saber sofrer.

Nenhum homem profano sabe sofrer decentemente — mas todo o iniciado pode sofrer serenamente, e até jubilosamente.

Que se entende por profano e iniciado?

Profano é todo aquele que está *pró* (diante) do *fanum* (santuário); é todo o exotérico que contempla o santuário do homem pelo lado de fora, e nunca entrou no seu interior. Que sabe esse profano, esse exotérico da realidade central de si mesmo? Ele, que passa sua vida inteira a se interessar somente pelas periferias externas da sua vida?

Iniciado é aquele que realizou o seu *inire*, o seu ir para dentro, a sua entrada no santuário de si mesmo; esse é um esotérico, um iniciado.

O profano é ignorante — o iniciado é um sapiente da sua própria realidade.

O profano, o ignorante, o analfabeto de si mesmo, não pode sofrer resignado; revolta-se necessariamente contra o sofrimento, que atinge todo o seu ego humano, única coisa que ele conhece. Para todo o profano, o sofrimento é um terremoto, um cataclisma, uma tragédia arrasadora. Este caráter negativo do sofrimento não vem do próprio sofrimento, mas vem da ignorância e ilusão do sofredor.

Dificilmente, poderá o sofredor modificar as circunstâncias externas da sua vida; que estão além do seu alcance, e por isto não pode abolir ou suavizar a sua dor.

O que o sofredor pode modificar é somente a substância interna de si mesmo, a atitude do seu Eu central, a sua consciência — e com esta nova perspectiva de dentro, o fenômeno externo do sofrimento adquire um aspecto totalmente diferente. Se o sofrimento não pode ser amável, pode ser pelo menos tolerável.

Todo o sofrimento, repetimos, é tolerável, quando o homem pode tolerar a si mesmo.

A amargura máxima do sofrimento não está no fenômeno externo dele, mas na atitude interna do sofredor. E essa correta atitude interna supõe autoconhecimento. Quando o sofredor sabe que não é o seu Eu divino, mas apenas o seu ego humano que sofre, então pode ele sofrer serenamente, e mesmo sabiamente — talvez até jubilosamente, por saber que ele está construindo a "única coisa necessária que nunca lhe será tirada".

A maior acerbidade do sofrimento, como dizíamos, está na sua absurdidade, no seu aspecto paradoxal, no seu caráter antivital e antiexistencial — mas esse aspecto não vem do sofrimento em si, mas unicamente da falsa perspectiva do sofredor. O sofrimento do sofredor profano é necessariamente absurdo, paradoxal, antivital, antiexistencial, e é capaz de levar o sofredor à revolta, à frustração, ao suicídio, ou ao inferno em plena vida.

É pois de suprema sabedoria que o homem mude de perspectiva e atitude — e isto, não quando vítima de uma tragédia, mas em tempos de paz e bonança. Dificilmente, o sofredor alcançará essa serenidade durante o sofrimento, se, antes dele, não a tiver alcançado. O remédio contra as dores não deve ser tomado apenas na presença delas, mas antecipadamente, em tempo de saúde e tranqüilidade. O remédio é, sobretudo, uma profilaxia, e não somente um corretivo. O homem deve vacinar, imunizar todo o seu ser com o soro da verdade sobre si mesmo, para que, na hora da tragédia, não sucumba ao impacto das bactérias mortíferas da revolta e do desespero.

Tenho assistido a cenas de desespero ao pé de um caixão mortuário ou de um túmulo aberto — e é inútil tentar aliviar o sofrimento dos sobreviventes, quando lhes falta uma base de longos anos, uma vivência na verdade do seu próprio ser. O remédio para a hora da tragédia tem de ser dado meio século antes da eclosão da tragédia, durante os meses e anos da sua incubação.

Quem enxerga o porquê da sua existência terrestre apenas nos gozos, já está em véspera de frustração. Quem confunde os objetivos da vida — fortuna, prazeres, divertimentos — com a razão-de-ser de sua existência — autoconhecimento e auto-realização — é um profano, um exotérico, e não pode encontrar conforto na hora do sofrimento. É suprema sabedoria iniciar-se na verdade do ser humano desde o princípio. Todos os objetivos da vida têm de ser integrados totalmente na razão-de-ser da existência.

Eu e os meus defuntos

Um dos maiores sofrimentos para muitos é a morte de pessoas queridas da família ou amizade.

E esse sofrimento é agravado pelo espantalho que certos teólogos fazem da morte e daquilo que, segundo eles, vem depois da morte. Dizem que a alma se encontrará subitamente com Deus, ou então com o diabo. Quase todos ensinam que, depois do julgamento, a alma vai para um céu eterno, ou então para um inferno eterno.

Um cientista moderno, dr. Raymond Moody Jr., escreveu um livro intitulado *Vida Depois da Vida*, em que ele narra o resultado de centenas de pesquisas e entrevistas com pessoas clinicamente mortas, mas que "reviveram" depois. O livro abrange pessoas de todas as condições sociais e de todas as ideologias religiosas e filosóficas. As narrativas dos "redivivos" coincidem admiravelmente em muitos pontos: quase todos falam de fenômenos ou vultos luminosos que viram; muitos passaram por um túnel escuro que terminava na luz; muitos se encontraram com entidades protetoras e com amigos falecidos. Nenhuma dessas centenas de pessoas, clinicamente mortas e "redivivas", se encontrou com Deus ou com o diabo; nenhuma fala em experiências apavorantes que lhe tivessem acontecido. Parece que para todas essas pessoas a morte era apenas um sono suave e plenamente consciente.

Na realidade, a morte não marca nada de definitivo; é apenas uma transição de um modo de existência para outro modo. A morte é comparável ao despimento de uma roupagem e revestimento de outra. A alma, desde que é alma, e não puro espírito, tem sempre o seu corpo, seja de que espécie for. Alma sem corpo seria fantasma — corpo sem alma seria cadáver.

A palavra corpo não deve ser identificada com matéria. Corpo é um revestimento ou invólucro do espírito, desde que o espírito se encarnou, tornando-se alma, isto é, *ânima* daquilo que anima ou vivifica.

Já no primeiro século, escrevia Paulo de Tarso: "Há muitas espécies de corpo, há corpo material e há corpo espiritual".

Também a nossa ciência avançada sabe que a matéria pode existir em formas várias.

O que nós, por via de regra, chamamos matéria é o estado mais baixo da vibração, que se tornou perceptível aos sentidos da visão, da audição, do tato, etc. Quando a chamada matéria adquire um grau superior de vibração, é chamada energia, ou, na expressão de Einstein, "matéria descongelada". Quando a energia aumenta de vibração, pode aparecer como luz, que Einstein chama "energia descondensada". A própria luz perceptível vem da luz imperceptível, chamada por alguns de luz cósmica.

Segundo a ciência moderna, as coisas conhecidas da terra provêm dos 92 elementos da química, e estes são manifestações da luz invisível.

O que há para além da luz cósmica não é acessível à ciência.

O corpo humano pode existir em formas várias. A nossa vida terrestre, em corpo material, certamente não é a nossa única existência. A realização plena do homem não pode estar restrita a 30, 50, 80 anos. Ela abrange o ciclo total de milhares de anos ou de séculos. Podemos dizer mesmo que a evolução do homem é sem fim. Somos eternos viajores rumo ao Infinito. E esta viagem ascensional ao Infinito é a nossa vida eterna, que não é uma chegada definitiva, mas uma jornada indefinida, uma sinfonia inacabada.

Se esta viagem é uma sinfonia ou uma disfonia, isto depende do nosso livre-arbítrio, da nossa consciência, da nossa atitude livremente criada e mantida. O livre-arbítrio não está restrito ao corpo material da vida presente; ele é um atributo inseparável da alma humana.

Tanto o nosso céu como o nosso inferno é uma jornada determinada pelo livre-arbítrio. Uma jornada ascensional é céu — uma jornada descensional é inferno.

Não é nenhum Deus externo que nos leva ao céu, nem nos

manda ao inferno — é o nosso Deus interno, o nosso Eu humano que faz tudo isto.

Os nossos defuntos não estão no céu nem no inferno, em sentido teológico, estão em plena jornada evolutiva, ascensional ou descencional.

É de suma importância que o homem inicie o seu céu aqui e agora; assim o continuará facilmente na jornada depois da morte física.

O que interessa aos sobreviventes saber é se, e como, poderão ajudar os seus queridos defuntos.

Toda a vibração reforça outra vibração da mesma freqüência ou espécie. Esta lei vale tanto na física como na metafísica. Um pensamento, um desejo, um ato de amor, uma prece, uma atitude espiritual são vibrações emitidas por nós — e podem afetar a alma do defunto, suposto que ela tenha para isto a necessária abertura ou receptividade. Nada sabemos dessa receptividade, mas podemos admitir que seja propícia às nossas emissões.

É inevitável que a morte de um ente querido nos cause sofrimento e que sintamos saudades da sua presença perceptível. Pêsames e condolências são do nosso ego motivo, e não são condenáveis. Condenável seria se o nosso sofrimento ou as nossas saudades prevalecessem sobre a atitude do nosso Eu superior.

Quando um homem tem a perspectiva correta sobre a sobrevivência do seu Eu espiritual e de seus defuntos, pode sofrer com certa serenidade a separação deles.

Um dos maiores sofrimentos é, para muitos, a separação de pessoas queridas. E esse sofrimento não é aliviado por meio de pêsames e condolências, que não passam de uma espécie de camuflagem, embora permitida. Nessa hora dolorosa deveríamos atingir as profundezas de uma verdadeira consolação de outra espécie.

As nossas teologias tradicionais pouca consolação podem dar aos sobreviventes enlutados. A idéia de um lugar definitivo, chamado céu, e de uma vida estática, chamada vida eterna, está cedendo aos poucos à verdade de uma evolução indefinida e progressiva rumo ao Infinito. Aqui no planeta Terra estamos nós, os viajores, em corpo material; paralelamente, em outra região do Universo, estão outros viajores em corpo imaterial, os nossos defuntos, tão vivos como nós, demandando o mesmo destino universal. Nós não estamos realmente separados deles; estamos apenas vivendo numa outra faixa vibratória ou freqüência. A ausência material dos nossos defuntos é realmente uma presença imaterial. Sentir essa ausência — presença é questão de refinamento de vibrações humanas. Deveríamos habituar-nos cada vez mais, durante a vida, a não confundir *real* com *material*. Uma presença pode ser real sem ser material. A própria ciência nos favorece neste ponto: ela considera a matéria como a coisa menos real de todas as coisas; mais real é a energia (o astral); mais real ainda é a luz. A presença espiritual é a mais real das presenças, a despeito de toda a ausência material.

Um dos nossos costumes mais detestáveis é desesperar-nos à presença de uma morte, fazer cena, cobrir-nos de luto, etc. Povos antigos mais avançados acompanhavam seus defuntos com luzes e flores, com cânticos e leituras religiosas. As auras pesadas produzidas pelo luto, pela tristeza, pelos lamentos dos sobreviventes, podem até ser um empecilho para a alma do falecido e dificultar-lhe a orientação em seu novo ambiente. Silêncio, calma, serenidade, criam um ambiente propício para a alma em transição para outras regiões da existência. Vibrações espirituais, como cânticos e silenciosa meditação, deviam substituir a atmosfera de luto e tristeza, que em geral envolve o velório dos entes queridos que partiram para o além. Para o espírito não há ausência — há presença permanente.

A arte de curar pelo espírito

Neste capítulo, abordamos um aspecto do sofrimento quase totalmente desconhecido. Não falaremos de como tolerar o sofrimento, mas mostraremos como curar o próprio sofrimento, não com algum remédio comprado na farmácia ou drogaria, mas pelo poder do espírito do próprio sofredor.

Esta autocura pelo espírito já foi focalizada por outros, médicos e leigos. Victor Frankl, médico e psiquiatra da Universidade de Viena, e presidente da Clínica Neurológica da mesma universidade, publicou diversos livros em torno da *logoterapia*, isto é, da cura pelo *lógos*. Lógos é a palavra grega para designar o Deus imanente no Universo e no homem. Victor Frankl refere casos impressionantes dessa cura feita pelo próprio doente, sob a orientação do médico.

Joel S. Goldsmith, negociante em Honolulu, na ilha de Havaí, escreveu um livro sobre o mesmo assunto intitulado *A Arte de Curar pelo Espírito*, explicando minuciosamente o processo dessa autocura, essencialmente idêntica à *logoterapia* do médico vienense. A vantagem do livro de Goldsmith é que o leitor pode acompanhar, passo a passo, o segredo dessa terapia espiritual. Goldsmith fez diversas vezes a viagem ao redor do globo a chamado de doentes, e, durante mais de 30 anos, exerceu essa cura pelo espírito.

A quintessência desse processo terapêutico espiritual consiste, segundo Goldsmith, numa concentração máxima da consciência na realidade da presença de Deus no homem. Essa conscientização da presença de Deus não é apenas um pensamento, um mentalismo; não está em pensar em Deus; nem tampouco é uma simples sugestão da presença divina no homem. A conscientização da presença de Deus é a total identificação com o espírito de Deus no homem. Esta prática supõe, acima de tudo, a absoluta convicção de uma *Realidade*, da realidade de um Deus único, não de uma pessoa, mas de um Poder Cósmico, cuja essência está onipresente, tanto no Universo lá fora como no universo dentro do homem. As palavras de Jesus "Eu e o Pai somos um, o Pai está em mim, e eu estou no Pai", poderiam servir de guia para essa conscientização da presença real de Deus no homem.

Esta prática supõe que o homem seja 100% monista, que esteja convencido profundamente de que há uma única Realidade, uma única Essência em todas as criaturas; que não diga "Deus está no átomo, Deus está na flor, Deus está em mim — mas sim: Deus é o átomo, Deus é a flor, Deus é o Eu.

Certos teólogos detestam essa total identificação da criatura com Deus; dizem que isto é panteísmo errôneo e blasfemo. Esses teólogos confundem monismo com panteísmo, confundem essência com existência. A existência de um átomo, de uma flor, de um homem, certamente não é Deus, que seria panteísmo; mas a essência ou realidade é uma só em todas as coisas. Não há essências no plural. Deus é a essência única em todas as existências.

Quando Jesus diz "Eu e o Pai somos um", logo acrescenta "mas o Pai é maior do que eu", como se dissesse: na essência eu sou um e idêntico ao Pai, a Divindade; mas, na existência, eu, a creatura, e a Divindade não somos um, porque a Divindade é infinitamente maior do que eu.

Quando o homem conscientiza a presença de Deus, entra na luz da Realidade única: eu, na sua íntima essência, é idêntico à Divindade, que permeia toda a sua existência.

O que se segue dessa essencial identidade com a Divindade é "as obras que eu faço não sou eu (a existência humana) que as faz, mas é o Pai (a essência divina) que faz as obras".

Se o Deus em mim cura um doente, não sou eu, na existência humana, mas é Deus, na essência divina, que o cura. E, como Deus é onipotente, é infalível que o doente seja curado, porque a Deus nada é impossível.

Todo o problema da cura pelo espírito consiste nesse ponto central: se o curador consegue esquecer-se totalmente de sua existência humana, e se indentifica total e exclusivamente com a essência divina.

Esta identificação total e exclusiva com a essência divina nos é difícil, porque os nossos sentidos parecem dizer-nos o contrário; e o passado multimilenar de toda a humanidade só conhece existência, e nada sabe da essência.

E assim, o curador pelo espírito tem contra si o peso-morto da sua própria personalidade física, mais o peso-morto de toda a humanidade do passado. E o curador espiritual tem de contrabalançar esse enorme peso-morto com a consciência viva da sua essencial identidade com a Divindade.

Esta afirmação da verdade da essência contra todas as ilusões das existências exige longos anos de exercício e de prática.

Neste sentido, dizia o Mestre: "Conhecerei a verdade, e a verdade vos libertará", isto é, a consciência da verdade sobre a vossa essencial identidade com a essência divina vos libertará de toda a ilusão da vossa existência humana.

Isto é *logoterapia*, isto é, *cura pelo espírito*.

Joel Goldsmith confessa que levou nada menos de 13 anos para conseguir essa intensa e perfeita focalização da presença de Deus.

A prática diária da meditação pode servir de prelúdio para essa intensa conscientização da presença de Deus e da verdade redentora que "Eu e o Pai somos um", que cura todos os males.

М

A arte de morrer
antes de ser morto

A cura pelo espírito, a *logoterapia*, como dissemos no capítulo anterior, depende essencialmente da capacidade que o homem tenha adquirido para morrer voluntariamente, antes de ser morto compulsoriamente.

A nossa morte compulsória — por acidente, doenças ou velhice — é absolutamente certa, mas ela não resolve o problema central da nossa vida.

O que o resolve é a arte de morrer voluntariamente, isto é, de se esquecer temporariamente de toda e existência do corpo e conscientizar unicamente a essência da alma.

Esse estado é, geralmente, chamado meditação, ou, quando altamente intensificado, êxtase, *samadhi*.

A consciência exclusiva da essência e a inconsciência total da existência representam o triunfo máximo da verdade sobre o homem, e como toda a verdade é libertadora, essa experiência liberta o homem de toda e qualquer escravidão, inclusive da escravidão da doença.

Todos os mestres da humanidade focalizam como sumamente importante essa morte voluntária, esse egocídio do ego existencial. O Cristo diz: "Se o grão de trigo não morrer, ficará estéril — mas, se morrer, produzirá muito fruto". Paulo de Tarso escreve: "Eu morro todos os dias, e é por isto que eu vivo — mas não sou eu que vivo, é o Cristo que está em mim".

Esta morte voluntária torna o homem totalmente indiferente em face da morte compulsória. Todo o medo que o homem profano tem da morte vem de uma grande e funesta ilusão: da confusão entre existência e essência. O homem profano considera a morte como a ausência da vida — quando o iniciado sabe por experiência própria que a vida é imortal, embora ela possa assumir diversas formas mortais nos vivos.

Pensar nisto, crer nisto, nada resolve — o que resolverá é ter a consciência e vivência da imortalidade da vida.

A vida é a essência de tudo que existe no Universo. A vida é Deus. A vida é a essência de todas as existências vivas. Podem as existências perecer, podem mudar de uma forma para outra forma — o que não perece e não muda é a vida. A vida essencial se manifesta em vivos existenciais — estes são vários e variáveis, aquela é una, eterna e invariável. Os vivos são formas transitórias da vida imutável. A essência da vida está em todas as existências vivas — assim como o mar subjaz a todas as ondas do mar.

Os vivos nascem, vivem e morrem — a vida não nasce nem morre, mas vive sem nascimento nem morte.

Quando o homem tem a experiência do único ponto fixo no meio de todas as coisas movediças, entra ele num ambiente de absoluta firmeza e tranqüilidade, de certeza e felicidade.

E esta tranqüilidade, de certeza e felicidade.

E esta tranqüilidade e firmeza interior do Eu divino pode também afetar beneficamente as intranqüilidades e infirmezas (ou enfermidades) do ego humano, chamadas doenças.

A intensa consciência da vida pode retificar, os vivos, quando falsificados.

Não se trata de substituir os vivos pela vida, trata-se de plenificar todos os canais vazios dos vivos pela plenitude da fonte da vida. O homem é essencialmente vida, que pode manifestar-se existencialmente em forma de vivo. Este vivo pode ser imperfeito, mas a vida é absolutamente perfeita.

O homem na sua essência é perfeita vida e saúde — que pode aparecer como um vivo imperfeito. Quanto mais o homem se convence de que ele é vida, tanto mais pode ele vivificar o vivo que ele tem. O *Ser* é sempre perfeito; só o *Ter* pode ser imperfeito.

O homem é saúde — mas pode ter doença.

As doenças só prevalecem sobre o homem quando a saúde não tem plena consciência de si mesma.

Uma vida de consciência 10, 20, 30% é alérgica a doenças —

mas uma vida 100% consciente é totalmente imune a qualquer doença. Assim era a vida de Jesus, e talvez a de Moisés.

Vida e saúde são a nossa essência eterna — vivos e doenças são a nossa existência temporária.

Para que a essência da vida e saúde possa exercer seu impacto decisivo sobre a existência dos vivos e doentes, deve o homem habituar-se a eclipsar temporariamente tudo o que ele tem, para que aquilo que ele é, o seu *Ser*, adquira 100% de poder sobre os seus *Teres*.

Esse estado de inconsciência do Eu essencial é o segredo de toda a felicidade do homem. Somente durante essa morte do ego pode a vida do Eu manifestar a plenitude do seu poder e conferir saúde também ao ego.

A solução do problema, das dores, é fundamentalmente uma questão de metafísica e não de física. A física pode remover certos sintomas externos de doenças, mas não pode jamais abolir radicalmente uma doença.

O homem sofre doenças físicas porque não vive na saúde metafísica.

A total permeação das doenças do ego pela saúde do Eu é a única solução radical e definitiva do sofrimento humano.

Mas essa, por ora, só é do "Filho do homem".

ᛗ

Porque e como Jesus sofreu

M uitas pessoas piedosas tentam camuflar os seus sentimentos com a sugestão: Jesus sofreu mais...
E, assim julgando, aliviam os seus males tornando-os toleráveis.
Se grande é a boa vontade dessas pessoas, pequena é a sua sabedoria.
Acima de tudo, esta afirmação insinua uma inverdade. Em segundo lugar, é falso o motivo dos sofrimentos de Jesus.
Dizer que Jesus foi o rei dos mártires, o maior sofredor da humanidade, não corresponde à verdade. Nem adianta apelar para as palavras do profeta Isaías, que descreve os sofrimentos do "servo de Deus" (*ebed Yahveh*), porque Isaías se refere diretamente aos sofrimentos dos israelitas no exílio da Babilônia causados pelos pecados de Israel.
Durante os 33 anos da sua vivência terrestre, sofreu Jesus fisicamente durante umas 15 horas, desde as 20 horas da quinta-feira até às 15 horas da sexta-feira. Haverá na terra um homem que, durante a vida, tenha sofrido apenas 15 horas?
Mas, e os sofrimentos morais e psíquicos de Jesus? Os ludíbrios, as incompreensões, as ingratidões, etc...?
Quando um avatar desce das alturas às profundezas, sabe ele de antemão que essa jornada vai ser um tormento para ele, e não espera outra coisa.
A maior das inverdades, porém, é a constante afirmação dos teólogos de que Jesus sofreu por ordem de Deus, a fim de pagar-lhe a enorme dívida dos pecados humanos. Se isto fosse verdade,

escreve o historiador britânico Arnold Toynbee, seria Deus o maior monstro do Universo.

Jesus nunca afirmou ter vindo ao mundo para pagar pelos pecados humanos, sofrendo e morrendo na cruz.

A verdade está nas palavras que Jesus disse aos dois discípulos sofredores, a caminho de Emaús: o Cristo devia sofrer tudo isto para assim entrar em sua glória.

O sofrimento de Jesus é essencialmente um sofrimento voluntário, um sofrimento-crédito.

Todos os grandes avatares aceitam voluntariamente o sofrimento, não tanto para ajudar os outros, mas para se realizarem a si mesmos.

Também aqui na terra há homens que sabem disso.

Nos Estados Unidos assisti às conferências do grande evangelizador do Japão, Hirohito Kágawa. Anos mais tarde, li numa revista que Hirohito estava de cama, longos meses, desenganado pelos médicos. Um amigo dele, que estava à cabeceira do doente, lamentava a inatividade forçada do sempre dinâmico evangelizador, quando tantas tarefas inacabadas estavam à espera dele. Hirohito ouviu em silêncio os lamentos do amigo e, finalmente, disse:

"Tu lamentas que eu não possa fazer mais nada, por causa desta longa enfermidade. Mas eu estou realizando agora mais do que nunca o trabalho mais importante da vida — a realização de mim mesmo pelo sofrimento".

Assim pensam e vivem os avatares que a nossa humanidade conhece: sofram voluntariamente para se realizarem ulteriormente, para entrarem cada vez mais em sua glória.

A tarefa mais difícil do homem é descobrir no sofrimento um fator positivo, quando o sofrimento parece ser totalmente negativo.

O sofrimento em si não é positivo nem negativo, mas simplesmente neutro. Aliás, nenhum objeto e nenhum fato é bom nem mau, nem positivo nem negativo em si mesmo, porque são coisas neutras, incolores, inconscientes. O homem é que pode servir-se desses objetos neutros para o seu ser-bom, ou para o seu ser-mau. Mas é dificílimo fazer de um fato como o sofrimento — que parece flagrantemente negativo — um valor positivo. Para realizar tal façanha, deve o homem ter descoberto em sua alma uma mina profunda e riquíssima de realidade transcendental.

O rei Midas, da fábula, tinha recebido dos deuses o poder de transformar em ouro tudo quanto tocasse. O misterioso conde de Saint Germain, que parece viver ainda no Himalaia e prometeu voltar ao ocidente nos tempos mais trágicos da nossa humanidade, tinha o poder de fazer ouro e pedras preciosas de um simples pedaço de carvão. Isso é incompreensível magia mental.

Se um homem é capaz de servir-se do negro carbono da dor para fazer ouro e pedra preciosa de realização espiritual, deve ele ter ultrapassado toda a alquimia ocultista e toda a magia mental, e deve ter entrado no santuário da mística divina.

Quando um desses místicos escrevia "eu transbordo de júbilo no meio de todas as minhas tribulações", devia ele ter experiência desse segredo.

E quando o Mestre disse que ele devia entrar em sua glória pelo sofrimento e pela morte voluntária, devia ter removido um espesso véu que, para o comum dos mortais, encobre o mistério do sofrimento como fator de auto-realização.

Apesar de ter Jesus sofrido voluntariamente tudo o que sofreu para entrar na sua glória, contudo o modo como ele soube sofrer é um modelo para todos os sofredores. Não sofre com convardia, como os fracos, nem com jactância, como certos heróis, ou pseudo-heróis da humanidade, que desafiam os martírios e a morte. No Getsêmane, o seu Jesus humano pede ao Cristo divino que, se possível, faça passar aquele cálice amargo — mas logo se entrega totalmente, à vontade superior do seu Cristo divino. No Gólgota, por um momento, o seu ego humano clama em altas vozes: "Meu Deus, meu Deus, por que me abandonaste?" — mas logo o seu Eu crítico se resigna e murmura serenamente: "Pai, em tuas mãos entrego o meu espírito".

Ele sofre como o mais humano dos homens, porque era integralmente humano no seu Jesus, e integralmente divino no seu Cristo.

Cada homem é potencialmente o que ele pode vir a ser atualmente. Horror ao sofrimento e à morte, a repugnância contra injustiças e ingratidões são compatíveis com a soberania, calma e serenidade do espírito. Uma completa integração do nosso ego inferior em nosso Eu superior perfaz a harmonia total da natureza humana.

Ser tentado a revoltar-se contra o sofrimento é humano — deixar-se derrotar pelo sofrimento é deplorável.

Toda a serenidade no sofrimento depende, em última análise, da visão da nossa existência total, cuja falta dificulta e mesmo impossibilita a compreensão da tarefa evolutiva do sofrimento.

Objetivos da vida ou razão-de-ser da existência

Quase todos os nossos sofrimentos, senão todos, vêm dos objetivos da vida, e da razão-de-ser da nossa existência.

Infelizmente, a imensa maioria só se interessa pelos objetivos da vida, e por isto leva uma vida de sofrimento.

Os objetivos da vida são todas as coisas do nosso ego periférico, como família, propriedade, profissão, relações sociais, amizades, etc. São circunstâncias fora do nosso centro, sobre as quais não temos domínio direto, e que, por isto, podem falhar — e lá está o nosso sofrimento.

Não podemos viver sem esses objetivos, sem estas circunstâncias. Somente um asceta do deserto, ou um *yogui* numa caverna do Himalaia poderia viver sem esses objetivos externos, e mesmo assim não estaria totalmente isento de sofrimentos, porque o seu próprio corpo também é um objeto, ou uma circunstância.

É permitido recusar a maior parte dessas circunstâncias.

Razoável é usar, na medida do necessário, esses objetos da vida.

Mas o grosso da humanidade não recusa, nem usa, mas abusa.

Que é abusar?

Quem vive 24 horas por dia, 365 dias por ano, durante 20, 50, 80 anos, exclusivamente para os objetivos da vida, está em vésperas permanentes de sofrimentos. Quando alguns desses ídolos da sua vida lhe faltarem — adeus, alegria!

E ninguém pode garantir que isto não aconteça, mesmo sem culpa nossa.

As circunstâncias da natureza ou da sociedade nos podem roubar inesperadamente esses objetos idolatrados, inclusive os objetos pessoais da nossa família e amizade.

Por onde se vê que todo o homem profano está sempre incubando sofrimentos, que podem eclodir a qualquer momento.

Por isto, dizia Diógenes, o filósofo cínico de Sínope, que a verdadeira felicidade consistia em nada ter que o mundo nos possa tirar, nem nada desejar que o mundo nos possa dar.

Mas, o grosso da humanidade não pode viver como Diógenes, cuja única casa era um velho barril do mercado de Atenas, em que ele dormia.

O que, porém, todos podem e deveriam fazer é descobrir algo além desses objetivos da vida e estabelecerem certo equilíbrio entre essas duas coisas.

Que coisa é esta?

A razão-de-ser da nossa existência. Que é isto?

A única coisa necessária da nossa existência somos nós mesmos, é a nossa auto-realização. Nenhum homem é realizado no seu ser — todos são realizáveis.

Pode ser que muitos sejam ego-realizados, objeto-realizados, coisificados, 90%, talvez 100% — mas não estão auto-realizados.

Se o homem estabelecesse um equilíbrio razoável entre o seu *ser* e os seus *teres*, entre o que ele é e o que ele tem ou deseja ter, reduziria grandemente a *chance* dos seus sofrimentos. "Uma só coisa é necessária", dizia, há quase 2000 anos, o maior dos Mestres da humanidade à sua discípula Maria de Betânia. Não proibiu à sua irmã Marta que fizesse o que estava fazendo, mas considerava estas coisas como facultativas, e não como realmente necessárias.

Necessário é realizar o seu próprio sujeito — facultativo é realizar os objetos.

Através da história, uma pequenina elite, sobretudo do mundo oriental, se interessa somente pela razão de ser, negligenciando os objetivos da vida — mas a imensa maioria da humanidade ocidental vive exclusivamente para os objetivos da vida, esquecendo-se totalmente da razão-de-ser da sua existência.

Dois extremos!

Toda a sabedoria do homem sensato consiste em saber harmonizar corretamente esses dois pólos da vida humana.

Todo o homem que trata seriamente de realizar a razão-de-ser da sua existência, pode possuir serenamente os objetivos necessários a uma vida decentemente humana, e nunca estará em vésperas de calamidades catastróficas. Aconteça o que acontecer, o principal está garantido e segundo as palavras do Mestre "Nunca lhe será tirado". Quem realizou a sua substância central, pode sofrer o impacto das circunstâncias periféricas desfavoráveis — mas não será infeliz por dentro, embora sofra por fora.

Nunca deveríamos fazer depender a nossa felicidade de algo que não dependa de nós.

Uma substância central pode sofrer calmamente todos os assaltos das circunstâncias periféricas — e continuar a ser profundamente feliz.

Até agora ninguém morreu

Voltemos a falar dos nossos defuntos.
Uns dos maiores sofrimentos é, como já dissemos, a morte de pessoas queridas da família e da nossa amizade.

Freqüentes vezes, vêm ter comigo pessoas enlutadas pela morte de um ente querido, na esperança de receber de mim alguma consolação. Eu poderia dizer-lhes, por exemplo: o seu falecido deve estar com Deus, num céu muito melhor do que a nossa terra; por isto, não se entristeça com a morte dele; você vai revê-lo.

Outros diriam: console-se; o seu defunto vai reencarnar um dia em condições muito melhores.

Em vez de tudo isto, digo simplesmente à pessoa enlutada: não se aflija; até agora ninguém morreu.

Bem sei que dificilmente o sobrevivente vai aceitar essas palavras, que até lhe podem parecer brincadeira, uma vez que tantos já morreram.

O grosso da humanidade considera a morte como ausência da vida. E é difícil alguém se habituar a considerá-la como simples mudança de cenário de vida, e não como a cessação da vida.

O que prevalece na quase totalidade dos enlutados não é a razão, mas a emoção.

A razão, o espírito, é da centralidade de nosso Eu, ao passo que a emoção é do nosso ego periférico. A falta de contato perceptível com o defunto é que é responsável pelo sofrimento dos sobreviventes, e eclipsa toda a racionalidade da verdade.

De maneira que não é possível dar um motivo de alívio eficiente a uma pessoa que, durante a vida anterior, não tenha despertado em si a consciência da verdade. No momento da tragédia e do sofrimento não é possível fazer o que durante a vida inteira não foi feito. Somente sobre a base de uma experiência própria, direta e prolongada, é que o enlutado poderia conseguir firmeza e serenidade na hora do sofrimento. Mas, quem é que, em dias de bonança, pensa nisto?

Toda a nossa educação, moral e cívica, e mesmo religiosa, é desfavorável a isso. Se alguém confia apenas em auto-educação, não encontra paz e serenidade em face da morte de um ente querido. É necessário que o homem tome a sério, muito a sério, a sua auto-educação. Esta auto-educação não é outra coisa senão a conscientização, profunda e nítida, sobre a realidade da existência total do homem, não limitada aos poucos decênios da vida terrestre.

A existência humana necessita de vários estágios para sua evolução total. O primeiro estágio é o da encarnação terrestre, em que o espírito se reveste de um invólucro material, para soletrar o *abc* da sua evolução primária. Mas como nesse estágio primitivo o homem nada sabe ainda de outros estágios posteriores, ele se isola facilmente nesses poucos decênios de vivência terrestre, e acaba por cair vítima de uma miopia estreita e unilateral, enxergando a vida terrestre como a vivência única e total da sua existência. Não pode, ou não quer, aceitar a verdade de que o espírito possa ter outros invólucros que não seja o corpo material, fornecido por seus pais e completado pela natureza material da nossa terra. Ter consciência real sem órgãos materiais — sem coração, cérebro, pulmões, sangue e nervos, feitos de ferro, cálcio, fosfato, oxigênio, hidrogênio e outros ingredientes dos 92 elementos da química — isto não é compreendido pelo homem primitivo, porque ele é uma espécie de analfabeto. Por isto, perder a matéria do corpo é, para ele, perder o corpo, e como a alma não pode existir sem corpo, ele pensa que vai extinguir-se se o corpo morrer, assim como uma lâmpada se extingue quando acaba o combustível.

Se não existisse outro corpo senão o corpo material, a alma se extinguiria depois de se separar desse corpo. Mas corpo não é necessariamente matéria. Tanto os iniciados como a própria ciência de hoje sabem que existe corpo imaterial. A corporeidade não é necessariamente idêntica à materialidade. A materialidade do corpo é provisória, a sua corporeidade é eterna.

A alma, desde que deixou de ser puro espírito e se tornou alma, nunca mais existirá sem corpo, embora possa existir sem matéria.

Alma sem corpo seria fantasma.

Corpo sem alma seria cadáver.

Alma em corpo é homem, e homem será enquanto existir.

O pavor em face da morte é atestado de atraso e incompreensão.

A serenidade em face da morte é sinal de compreensão e evolução avançada.

O que nos pode dar verdadeira calma e serenidade em face da morte não são os parentes e amigos; é somente o próprio homem, que tenha noção exata da vida e da morte.

Até agora ninguém morreu realmente. Os chamados mortos, repetimos, passaram para outro estado de vivência. Se essa nova experiência após morte é melhor, ou pior, ou igual — isto depende da evolução da alma ou da consciência.

O próprio homem é o autor do seu céu após morte — ou então do seu inferno.

De fato, não existe nenhum céu, nem um inferno eterno e definitivo. Todos os nossos céus e infernos são temporários, mutáveis, evolvíveis. Uma evolução ascensional é, quase sempre, um purgatório, se com esta palavra entendemos uma sucessiva depuração de nosso ser pelo poder da consciência.

A verdade para
além da mística

Desde que os livros de Paul Brunton revolucionaram o ocidente, muitas pessoas falam em mística, em iniciação, etc.; milhares de pessoas, de todas as classes sociais, começaram a investigar as regiões misteriosas de um mundo desconhecido. Livros e mais livros apareceram sobre a técnica da meditação, sobre a realidade de um além verdadeiro, sobre a necessidade de o homem dedicar meia hora diária, ou mais, a uma experiência além dos sentidos e além da mente.

Esse alvorecer de um mundo ignoto a muitos ocidentais é sumamente promissor.

E o que há de mais estranho nesta descoberta é que tudo isto se achava escrito há quase 2.000 anos, nos Evangelhos do Cristo, que andam nas mãos dos cristãos. Mas nós interpretávamos os Evangelhos teologicamente, dogmaticamente, exotericamente; a mensagem do Cristo, porém, não deve ser criada — mas pode e deve ser vivida. Nós só víamos o corpo do Evangelho, ignorando a alma dele.

Aconteceu, porém, que, desde o início deste século, a filosofia mística da Índia e do oriente em geral invadiu o ocidente cristão. E deu-se um fato estranho: os cristãos descobriram o Cristo no Evangelho.

Os Evangelhos, é verdade, também nasceram no oriente, no oriente médio, mas se difundiram mais no ocidente do que no oriente, graças à expansão do Império Romano, que abrangeria a Europa, o oeste da Ásia e o norte da África.

Desde o quarto século, quando se organizou o Cristianismo, os Evangelhos foram considerados como mistérios que a humanidade devia crer, que devia aceitar dogmaticamente, por obrigação teológica.

A filosofia mística do oriente longínquo, porém, era objeto de vivência e de experiência individual; o homem devia saborear Deus, devia estabelecer diálogo entre sua alma e Deus — e os cristãos mais sinceros e avançados descobriram que a quintessência do Evangelho consistia também nesses solilóquios e nesses colóquios com o Deus imanente no homem. Descobriram que Deus não é apenas uma Divindade transcendente, mas também um Deus imanente — "Eu e o Pai somos um, o Pai está em mim e eu estou no Pai"; descobriram que o Cristo não viveu apenas do outro lado do Mediterrâneo, mas vive em cada homem, conforme as suas próprias palavras, "Eu estou em vós, e vós estais em mim".

Destarte, a filosofia do oriente forneceu a chave do ocidente para abrir as portas de um tesouro que, havia séculos, andava nas mãos dos cristãos, um tesouro oculto, uma pérola preciosa, uma luz debaixo do velador.

Foi sobretudo o escritor inglês Paul Brunton que, com suas experiências na Índia e alhures, abriu os olhos a milhares de cristãos ocidentais, que descobriram a realidade imaterial para além de todas as facticidades materiais.

Meister Eckhardt, o rei dos místicos cristãos da Idade Média, foi equiparado a Buda e Krishna na Índia, a Lao-Tse da China.

Nasceu a mística — que, havia séculos, estava dormindo nos Evangelhos.

Para muitos cristãos ocidentais, porém, a mística não passava de misticismo; começaram a praticar meditação por amor à meditação, como uma finalidade em si mesma, como uma fascinante acrobacia mental, como um turismo espiritualeiro, como um novo escapismo longe das agruras da vida diária. Tentaram estabelecer uma linha divisória entre o homem profano e o homem místico, entre o mundo e Deus.

E até hoje a mística de muitos cristãos não passa deste misticismo escapista; querem isolar-se beatificamente num *ashram*, a sós com Deus, e fugir para sempre do mundo dos homens.

É fácil entender-se com Deus — mas é dificílimo entender-se com os homens. Esses escapistas não querem encontrar o Deus do mundo no mundo de Deus, mas sim um Deus sem o mundo.

Já no seu tempo, Paul Brunton alertou os seus leitores sobre esse misticismo doentio, escrevendo o seu livro *A Sabedoria Oculta para além da Yoga*.

Nos meus livros, essa atitude de encontrar o Deus do mundo no mundo de Deus se chama "consciência cósmica", ao passo que o encontro de Deus longe do mundo se chama "consciência mística", ou misticismo.

Todo o movimento da nossa *Alvorada*, com suas meditações, seus retiros espirituais, seus *ashrams*, visa carregar a bateria espiritual do homem para utilizar essas energias nas lutas da vida diária; sem se profanar nem profanizar.

A meditação não é um fim em si mesma, é um meio para o fim de poder viver no meio do campo de batalha da vida sem ser derrotado.

O Mestre advertiu a seus discípulos: "O príncipe deste mundo, que é o poder das trevas, tem poder sobre vós", e logo acrescentou: "Sobre mim ele não tem poder algum, porque eu venci o mundo".

Vencer o mundo — é esta suprema finalidade de toda a meditação. Quem abandona o mundo não vence o mundo. O abandono temporário, sim, é necessário para que possa haver uma vitória permanente.

Por isso, *Alvorada* não mantém *ashrams* de caráter residencial; as nossas casas de retiro espiritual oferecem meditação durante certos períodos do ano, para colher energias, para carregar a bateria e utilizar essas energias na vida diária.

O homem que focalizou seriamente o seu verdadeiro ser e destino, durante uma meditação profunda, volta ao mundo do sofrimento, mas não sofre como os profanos sofrem; sofre calmo, tranqüilo, sereno, podendo até dizer como Paulo de Tarso: "Eu transbordo de júbilo no meio de todas as minhas tribulações".

As tribulações da vida são inevitáveis, tanto para os profanos como para os iniciados — mas o modo de sofrer é totalmente diferente. Sofrer é destino geral — saber sofrer é grande descoberta.

O encontro com o seu centro divino, durante a meditação, faz tolerar as coisas e todas as pessoas. Mas quem não tolera a sua própria consciência, acha intolerável a vida inteira — e todos pagam por isto, não somente os homens, mas até os animais, cães e gatos, todos sofrem as conseqüências de um homem que não aprendeu a tolerar a si mesmo.

É de urgente necessidade que o homem ultrapasse o seu

misticismo isolacionista e ponha a sua mística a serviço da sua vida diária, encontrando o Deus do mundo em todos os mundos de Deus.

Rumo à consciência cósmica...

No velório —
a vida depois da vida

Alguém escreveu um livro com este título *A Vida Depois da Vida* relatando experiências de pessoas clinicamente mortas, mas que voltaram à consciência do corpo material. Em nenhuma dessas centenas de experiências, os "redivivos" falam de Deus nem do diabo, nem de céu nem de inferno, de horrores apavorantes, mas todos enfrentaram a morte como quem adormece tranqüilamente.

Há dias, fui subitamente chamado a um velório. Falecera uma senhora que, durante mais de 20 anos, fora colega nossa da *Alvorada*, tomando parte em todas as aulas, meditações e retiros espirituais do nosso Centro de Auto-realização. Pessoa da família da falecida me pediu que dissesse algumas palavras por ocasião do velório.

Falei apenas cinco minutos, mas passei no velório cerca de meia hora.

Lá encontrei duas classes de pessoas bem diferentes, representantes da nova e da velha humanidade. Muitos dos amigos da falecida, colegas dela na *Alvorada*, lá estavam. Todos eles silenciosos, sentidos com a morte súbita da colega, nenhum chorava ruidosamente; ninguém gritava e se desesperava; todos já sabiam que a morte não é uma tragédia, que não é o fim da vida, mas uma linha divisória entre dois estágios da nossa existência — uma vida no além depois da vida no aquém.

Mas havia no velório também outras pessoas, da parentela ou da amizade da família, e algumas dessas pessoas, completamente analfabetas do mundo do além. Entre essas pessoas profanas havia cenas deprimentes, uma senhora chorando ruidosamente, gritava: "por que morrem os bons e continuam a viver os maus?".

Percebi um contraste flagrante entre profanos e iniciados. Todos eram cristãos. Todos deviam ter ouvido, em aulas de catecismo ou escola dominical das suas igrejas, muitos deviam ter lido as palavras do maior dos Mestres da humanidade: "Eu sou a ressurreição e a vida; quem tem fé em mim não morrerá, e ainda que tenha morrido, viverá para todo o sempre... Eu sou o caminho e a verdade e a vida; quem me segue não anda em trevas, mas tem a luz da vida".

Isto foi dito há quase dois mil anos. Foi ouvido, foi crido por muitos — mas foi vivido por poucos.

Daí essas cenas de desespero num velório, ou ao pé do túmulo.

Geralmente os cristãos acham belas essas palavras do Mestre, boas para sermões e poesias — e nada mais.

Quem não viveu esta verdade, não encontra consolação na hora da morte.

Mas como se pode viver isto?

Morrendo voluntariamente, antes de ser morto compulsoriamente, afim de viver gloriosamente.

Que é morrer voluntariamente? É suicidar-se?

Um dos maiores iniciados nesta arte de morrer voluntariamente escreveu: "Eu morro todos os dias, e é por isto que eu vivo". Esse homem vivia gloriosamente, porque morria voluntariamente todos os dias.

Que é morrer voluntariamente?

Quem nunca se abismou, numa profunda meditação, não pode imaginar o que seja morrer voluntariamente.

Todos nós seremos mortos compulsoriamente, por um acidente, por uma doença, pela velhice. Mas esta morte compulsória não resolve o problema central da nossa vida, não nos faz viver gloriosamente.

Só quem está habituado a morrer voluntariamente é que pode viver gloriosamente.

Quando alguém se desprende dos sentidos e da mente; quando nada vê, nada ouve, nada sente, nada pensa, nada deseja — então está ele como morto; vive somente a consciência espiritual do seu Eu, morreu a consciência vital e mental do seu ego. E quando esse homem permanece meia hora ou mais nesse estado de consciência espiritual e de inconsciência material, então sabe ele o que Paulo de Tarso quis dizer com as palavras "eu morro todos os dias, e é por isto que eu vivo, mas não sou eu que vivo — é o Cristo que vive em mim... Eu transbordo de júbilo no meio das minhas tribulações".

Isto é viver gloriosamente, depois de morrer voluntariamente.

É deveras estranho que, depois de quase 20 séculos, a imensa maioria dos chamados cristãos nada saiba dessa grandiosa sabedoria do Mestre. Se tivessem vivido o que ele dizia e vivia, assumiriam outra atitude em face do sofrimento e da morte. Saberiam, por experiência própria, que morrer não é deixar de viver, mas viver num ambiente imaterial, viver numa outra dimensão de existência, onde a vida continua o que aqui na terra começou.

Todo esse pavor doentio em face da morte é produto de ignorância, confusão e falsas idéias sobre a existência do homem fora do campo material. Acabar com esta ignorância e estes preconceitos é acabar com o pavor em face da morte.

Durante a meia hora que passei no dito velório, pude verificar a enorme diferença entre profanos e iniciados, entre ignorantes e sapientes, entre felizes e infelizes. E, no entanto, todos podem e devem ser felizes — mesmo em face dos sofrimentos e da morte.

◻

A ninfa oculta no bloco de mármore

Sócrates é, geralmente, conhecido como um grande filósofo, mestre do divo Platão — mas poucos sabem que ele era também um exímio escultor.

Um dia recebeu Sócrates um pedido do Prefeito de Atenas para esculpir a estátua de uma ninfa a ser colocada num bosque ao pé de uma fonte.

O filósofo aceitou a encomenda. Sem tardança, mandou vir o bloco de mármore branco, de Paros, e pôs mãos à obra.

Depois de mentalizar intensamente a efígie da ninfa, empunhou o martelo e foi desbastando o bloco de mármore. Grandes lascas voaram para a direita e para a esquerda da oficina.

Depois deste trabalho rústico, o escultor pôs de parte o martelo e outros instrumentos pesados, e começou a trabalhar com ferramentas mais delicadas, como o cinzel, e, por fim, serviu-se dum finíssimo esmeril para dar acabamento à estátua.

Finalmente, estava na oficina do escultor uma efígie de imaculada alvura, uma figura de jovem esbelta, como os antigos imaginavam as divindades dos bosques e das águas. Tão leve era o aspecto da ninfa que parecia flutuar livremente no ar; parecia antes uma entidade astral do que uma estátua material.

Por quê?

Porque ele não aceitava ter esculpido a ninfa; ela já estava oculta naquele bloco de mármore, desde o início, e muito antes de ser visível. Eu, dizia Sócrates, já via a ninfa no dia em que fui buscar o bloco de mármore; apenas retirei dele o que a ocultava aos olhos dos que não a podiam ver antes disso; nada acrescentei, apenas retirei o que a encobria.

Sócrates dizia uma grande verdade. Ele era um grande intuitivo. Viu o que os outros não viam. No ser humano via ele muito mais do que o corpo material — via a alma imaterial. Mas, como nem todos podem ver o invisível, é necessário que alguém desbaste o bloco bruto e amorfo, para que apareça a ninfa que nele está oculta.

Muitas vezes é a dor esse escultor carinhosamente cruel. Parece odiar o bloco bruto, de tanto amor que lhe tem. E, se o bloco humano não se defende contra as marteladas do sofrimento, a ninfa divina da sua alma pode manifestar-se.

Mas, se o homem passa a vida em brancas nuvens, como diz o poeta, nada acontecerá.

"Quem pela vida passou em brancas nuvens.

Em plácido docel adormeceu

Quem pela vida passou e não sofreu

Não foi homem, é projeto de homem.

Que passou pela vida e não viveu!"

O mundo está repleto desses projetos de homens, assim como uma jazida de mármore está repleta de projetos de ninfa.

O projeto de homem só conhece o gozo — e nada sabe da felicidade. E passa a vida toda em brancas nuvens, trocando gozos por felicidade. E, quando alguém procura mostrar-lhe o que é felicidade, o projeto de homem gozador diz que felicidade é utopia e misticismo de sonhadores que não conhecem a vida.

Para tirar de um bloco bruto uma efígie de beleza, deve o escultor, acima de tudo, ter a intuição daquilo que ainda não existe materialmente; deve poder ver para além dos véus da matéria; deve poder conceber antes de dar à luz a sua ninfa, mesmo por entre as dores de uma longa gestação.

Toda a felicidade passa pelo sofrimento prévio. Toda a alvorada é a luz que segue às trevas da noite.

Da lagarta à borboleta

A lagarta, ou taturana, é bem o símbolo do homem profano. A borboleta é comparável ao homem iniciado.

A lagarta rasteja pesadamente nas baixadas. O seu corpo desgracioso não é senão boca e estômago.

Para que a lagarta possa tornar-se borboleta, é indispensável que passe por uma espécie de morte, a crisálida, ou o casulo. No fim do seu período de lagarta, deixa ela de comer, retira-se a um lugar solitário e lá se metamorfoseia. Não sabemos se ela sofre com esta metamorforse. E, se sofre, também aceitaria de boa vontade esse sofrimento, porque, instintivamente, a lagarta sabe que o seu verdadeiro estado é o de borboleta alada. Nesse último estado é o inseto completamente diferente da lagarta: com quatro asas velatíneas, meia dúzia de pernas elegantes e flexíveis, dois olhos de opala com milhares de facetas visuais; dispõe de um língua em forma de espiral contráctil, com a qual suga o néctar das flores. Em vez de rastejar pesadamente pela terra, a borboleta voa elegantemente pelos espaços ensolarados, donde só desce, de tempos a tempos, para se alimentar duma gotinha de néctar sugado do perfumoso cálice das flores.

Há um contraste frisante entre toda a vida da lagarta e a da borboleta.

E toda essa modificação se deu durante a morte da lagarta e o nascimento da borboleta, que é a crisálida, que pode ser comparada com uma meditação profunda.

Durante a verdadeira e completa meditação, o homem fica como morto, imóvel, silencioso, totalmente ensimesmado na consciência espiritual, sem o funcionamento dos sentidos e da mente. A meditação foi comparada pelos mestres espirituais como o egocídio, ou morte voluntária e temporária do nosso ego físico-mental, mas em plena vigília do Eu espiritual. Paulo de Tarso, referindo-se a esse estado, escreve: "Eu morro todos os dias, e é por isso que eu vivo — mas já não sou eu quem vivo, o Cristo é que vive em mim".

E o próprio Cristo diz: "Se o grão de trigo não cair em terra e morrer, ficará estéril; mas, se morrer, produzirá muito fruto".

Um homem que nunca passou por este estado de morte voluntária, continua a ser um homem profano, materialista, interessado somente nas coisas do corpo físico e das emoções.

Como já dissemos, não é o sofrimento como tal que transforma o homem, mas é o sofrimento compreendido e aproveitado. Mas o homem que nunca viveu no seu interior por uma profunda interiorização ou meditação, dificilmente pode sofrer com serenidade, não pode dizer "eu transbordo de júbilo no meio de todas as minhas tribulações". O homem profano, sem sofrimento transformador, continua a vida inteira como lagarta pesada e comilona — ao passo que o homem que passou por um sofrimento compreendido, e aceito, entra numa atitude de serenidade e leveza, que faz lembrar o adejar silencioso da borboleta, que, apesar disto, continua a manter o contato com a terra.

O sofrimento compreendido e aceito confere ao homem uma intuição estranha das coisas superiores; dá-lhe gosto pelas coisas que, outrora, o desgostavam; dá-lhe facilidade de compreender o incompreensível e de ver as coisas invisíveis.

Ninguém pode gostar do sofrimento por causa do sofrimento — que seria masoquismo mórbido — mas pode querer o sofrimento como um meio e um caminho que conduzem a uma vida superior, que os não-sofredores ignoram.

Essa inefável estesia e clarividência que o sofrimento compreendido produz vale por todas as dores e angústias anteriores. O lúgubre fantasma vestido de luto se transformou num querubim luminoso, com a luz da felicidade nos olhos e o sorriso da vida eterna nos lábios.

Quem quiser voar como borboleta, não tenha medo de morrer como crisálida, depois de ter vivido como taturana.

Apoteose do sofrimento feliz

E ncontramos no Evangelho oito repetições sucessivas de "bem-aventurados".
Quem são esses oito grupos de felizardos celebrados por Jesus?
São precisamente as pessoas que o mundo profano considera infelizes.
Felizes — os pobres...
Felizes — os famintos...
Felizes — os injustiçados...
Felizes — os enlutados...
Felizes — os mansos...
Felizes — os misericordiosos...
Felizes — os puros...
Felizes — os perseguidos, os caluniados, os difamados...
E a razão desta felicidade dos aparentemente infelizes é esta: "Porque deles é o reino dos céus... porque eles são filhos de Deus... porque eles serão recompensados..."
Quem não é capaz de assumir a perspectiva do Cristo, não compreenderá jamais porque esses infelizes possam ser chamados felizes.
Tudo depende da perspectiva.
Os iniciados chamam felizes os que estão na linha reta rumo ao seu destino, rumo à sua realização, rumo ao reino dos céus.
Os profanos chamam felizes os que possuem muito dinheiro, os que gozam muitos prazeres, os que são muito glorificados, os que têm muitos divertimentos.

Quer dizer, esse critério de felicidade ou infelicidade é, essencialmente, uma questão de perspectiva, de atitude, de autoconhecimento.

O homem profano, espiritualmente analfabeto, se identifica invariavelmente com o seu ego material, mental ou emocional; e, se neste setor, tudo lhe corre à medida dos seus desejos, quando ele goza tudo o que pode gozar, então é considerado feliz.

É feliz porque tirou a sorte grande na loteria.
É feliz porque fez um ótimo casamento.
É feliz porque toda a família está com saúde.
É feliz porque tem um bom nome na sociedade.
É feliz porque tem uma profissão lucrativa e garantida.

Mas, se algum desses itens falhar, o homem profano se considera infeliz.

Quer dizer, o homem profano não é dono da sua felicidade; ela vem de fora, das circunstâncias da natureza ou da sociedade.

Enquanto o homem apenas *tem* felicidade ele não *é* realmente feliz, porque é apenas senhor dos *teres*, que lhe podem ser tirados a qualquer momento.

Quem faz depender a sua felicidade de algo que não depende dele, esse não é realmente feliz.

Enquanto a felicidade ou a infelicidade é algo que nos *acontece*, não somos solidamente felizes, porque amanhã pode acontecer o contrário.

Pode ser que sob o véu da minha felicidade de hoje, esteja incubada a minha infelicidade de amanhã — e poderá eclodir sem eu querer.

Essa felicidade que alguém pode ter, mas que ele não é, é uma pseudofelicidade, chamada gozo.

O profano chama felicidade esse fantasma de felicidade, que lhe pode acontecer, mercê das circunstâncias externas.

Mas o iniciado não considera felicidade nenhum gozo, nem considera infelicidade nenhum sofrimento.

Felicidade ou infelicidade é, para ele, somente aquilo que ele é, e não aquilo que ele tem. A sua felicidade ou infelicidade está no âmago da sua substância central, do seu Eu, da sua consciência, da sua alma.

E por isso nenhuma circunstância externa o pode tornar feliz ou infeliz, mas pode apenas fazê-lo gozar ou sofrer.

Gozo e sofrimento são coisas que nos acontecem — felicidade ou infelicidade é aquilo que nós somos.

Por isto, o maior dos mestres chamou bem-aventurados, felizes, os sofredores, contanto que tenham realizado em si o reino dos céus.

Os que se identificam com o seu ego externo se julgam felizes quando gozam.

Os que se identificam com o seu Eu interno, podem ser felizes, mesmo no meio dos sofrimentos.

Esse autoconhecimento, ou falta de autoconhecimento, é decisivo.

Por isso, acima de tudo, deve o homem dar resposta clara e definitiva à eterna pergunta do homem de todos os tempos e países: "Que sou eu?".

O conhecimento da verdade sobre si mesmo e a vivência de acordo com essa consciência e felicidade, que libertará o homem de toda a infelicidade, ainda que nem sempre o liberte do sofrimento. O principal está salvo e garantido: a sua felicidade.

Essa felicidade essencial consiste em que o homem estabeleça e mantenha perfeita harmonia, no seu Ser e no seu Viver, entre sua consciência individual e a Consciência Universal.

O homem que resolveu manter invariavelmente esta harmonia de Ser e Viver, é profundamente feliz, quer sofra, quer goze.

Mas quem não mantém essa harmonia é infeliz, quer goze, quer sofra.

Todo o homem pode dizer: "Eu sou o senhor do meu destino — eu sou o comandante da minha vida" — e é ser essencialmente feliz.

Por isto, ninguém pode dizer que é infeliz contra a sua vontade; que a sorte, os azares da fortuna, o fizeram infeliz.

Ninguém tem obrigação de ser infeliz — Deus não quer criaturas infelizes.

Quem é infeliz é culpado da sua infelicidade, embora não seja culpado dos seus sofrimentos.

Se o mundo está cheio de infelizes, é por que o mundo está cheio de ignorantes, de profanos, que não encontraram a verdade sobre si mesmos, que se identificam com algo que não são, e não se identificam com aquilo que realmente são.

"Bem-aventurados... deles é o reino dos céus".

◫

A sabedoria do sofrimento

A lternativa da vida humana não é sofrer por não sofrer — o grande problema é saber sofrer.

Quem se identifica com o seu corpo é um analfabeto da sabedoria — quem se identifica com sua alma é um sábio.

O nosso ego material é infeliz quando sofre — o nosso Eu espiritual pode sofrer feliz.

Quem sofre para sofrer é um masoquista — quem sofre por um ideal superior é um homem sábio.

É melhor realizar-se pelo sofrimento do que frustrar-se no gozo.

Se a vida terrestre fosse a vida definitiva, o sofrimento seria um absurdo.

Saber que o sofrimento pode ser o caminho para a felicidade faz sofrer com serenidade e amor.

Quem vê no sofrimento um meio para ultrapassar as futilidades da vida é um iniciado.

Todo o homem que não sabe sofrer é um ignorante — quem sabe sofrer é um sábio.

Quem se revolta contra o sofrimento faz de um mal dois males.

Quem se resigna estoicamente ao sofrimento não se faz melhor nem pior.

Quem vê no sofrimento um meio de purificação redime-se da amargura do sofrimento.

Não adianta aconselhar o sofredor que sofra com paciência — o que resolve o seu problema não são bons conselhos, de que está calçado o caminho do inferno — o que resolve é que o sofredor tenha a visão nítida do seu verdadeiro Eu.

Ninguém se torna sábio na escola primária das circunstâncias de fora — mas sim na Universidade da sua substância de dentro.

Para escutar a sabedoria da substância interna, deve o homem silenciar de vez em quando o ruído das circunstâncias externas e auscultar a voz de dentro.

Deve o homem entrar, cada dia, por meia hora, no silêncio de dentro e fechar todas as portas aos ruídos de fora.

Não somente aos ruídos físicos da natureza e da sociedade, mas também aos ruídos mentais e emocionais do seu próprio ego.

Para todo o principiante é difícil fechar as portas aos pensamentos e às emoções, mas com paciência e persistência, domina ele a dificuldade e encontra a facilidade.

No fim, pode o homem ficar no silêncio de dentro em plena sociedade dos ruídos externos.

E, na razão direta que cresce o silêncio de dentro, decresce o amargor do sofrimento.

Por fim, pode o homem dizer a si mesmo: eu sou o senhor do meu destino, eu sou o comandante da minha vida.

Ninguém é senhor do seu destino de fora, mas pode e deve ser senhor do seu destino de dentro.

O destino de fora obedece à natureza e à sociedade, e não a nós — mas o destino de dentro obedece ao homem e o faz feliz ou infeliz.

Gozos e sofrimentos são coisas que nos acontecem à-toa — mas a felicidade ou infelicidade são creações nossas.

Eu sou o senhor da minha felicidade ou infelicidade — outros são autores dos meus gozos ou sofrimentos.

Eu tenho gozo, eu tenho sofrimento — mas eu sou a minha felicidade ou infelicidade.

Gozadores infelizes e sofredores felizes

F elizes os pobres pelo espírito!
Felizes os mansos!
Felizes os puros!
Felizes os que têm fome e sede da justiça!
Felizes sois vós, quando vos perseguirem, caluniarem e disserem de vós todo o mal por minha causa — alegrai-vos e exultai!
Vosso é o Reino dos Céus...
Esse Reino dos Céus não é um gozo externo, mas uma felicidade interna.
O reino da terra é do gozo gozado.
O Reino dos Céus é, não raro, um gozo sofrido.
Esses sofredores não são chamados felizes porque sofrem, mas apesar de sofrerem.
A razão porque o Mestre chama felizes esses sofredores não é por que sofrem, mas porque descobriram o tesouro oculto, a pérola preciosa, a luz sob o velador.
E, por mais estranho que pareça, o sofrimento bem compreendido ajuda o homem a sintonizar a sua consciência individual com a consciência universal.
Os profanos procuram felicidade no gozo, mas quanto mais gozam, menos felizes são. E o gozo, levado ao ponto mais alto, acaba em desgozo. A fome quando super saturada, acaba em fastio; o prazer quando gozado 100%, acaba em náuseas — e isto é infelicidade, em pleno gozo.
O sofrimento, porém, quando compreendido e aceito, é o prelúdio

para uma felicidade que é como a luz solar comparada com as fosforescências de um vaga-lume.

Quem uma única vez foi feliz sabe o que é felicidade, e acumula os gozos e mais gozos sem ser feliz.

Todo o desejo, quando realizado, cria novos desejos de gozo — e os gozos criam novos desejos — e o profano não sai deste círculo vicioso de desejo e gozo, de gozo e desejo.

Por fim, a abundância de gozos gera a impossibilidade de gozos ulteriores.

Quando todo o gozo culminou na incapacidade de gozar, o infeliz sofre o seu próprio gozo.

E então está ele maduro para o hospital, para o hospício, para o suicídio, ou para um inferno em plena vida.

Por isto, felizes os sofredores, porque eles que não gozam os reinos da terra, possuem os Reinos dos Céus, aqui e agora, e para sempre e por toda parte.

Pode um gozador ser profundamente infeliz, no meio dos gozos com que tenta camuflar a sua infelicidade; e seus gozos — álcool, drogas, luxúrias, confortismos, jogos, etc. — anestesiam temporariamente a superfície do seu ego periférico. Ao passo que o seu Eu central, que anseia por uma felicidade profunda e permanente, continua a ser infeliz.

Há quase dois mil anos, disse o maior dos sofredores felizes: "Conhecereis a Verdade — e a Verdade vos libertará".

O que nos liberta não é nem o gozo nem o desgozo — mas somente a verdade sobre nós mesmos. Nesta Verdade conscientizada são felizes até os sofredores, não por causa do sofrimento mas apesar de sofrerem.

Segunda Parte

Textos complementares sobre o sofrimento, extraídos de outros livros do autor

Por que sofrer?*

Perguntaram os discípulos a Jesus: "Mestre, quem pecou para que este homem nascesse cego, ele ou seus pais?"

Respondeu-lhes o Mestre: "Nem ele nem seus pais pecaram, mas isto aconteceu para que nele se manifestassem as obras de Deus."

Por que sofremos? perguntaram os homens em face da lúgubre esfinge.

Sofremos porque nossos pais pecaram — dizem uns — e nós herdamos seu débito...

Sofremos — dizem outros — porque nós mesmos pecamos em tempos remotos, e pagamos dívidas antigas...

Será verdade? sofremos apenas para pagar débitos passivos? débitos contraídos, ou débitos herdados?...

Terá o sofrimento caráter puramente negativo? Será só aterrar abismos — e nada de erguer montanhas?...

Só para pagar débitos — e não para acumular crédito?

Se o Nazareno não nega aquilo — afirma com toda a decisão ist'último...

Pode o homem sofrer para revelar a glória de Deus, revelando-se a si mesmo — e que haveria de mais positivo?

Se, como sofredores passivos, somos filhos da humanidade pecadora — como sofredores ativos somos rendentores de nós mesmos.

---

* Este capítulo foi extraído do livro *De Alma para Alma*.

Pagamos uma parcela do débito coletivo — e creamos crédito individual.

Revelamos a glória de Deus — aperfeiçoando a nossa alma...

O sofrimento é um grande escultor...

Liberta-nos do apego ao mundo corpóreo — e ergue-nos às alturas do universo espiritual.

Redime-nos da obsessão do nosso egoísmo — realizando em nós o Eu divino...

Consome a poeira da nossa vaidade — na fornalha de martírio atroz...

Abatem-se os montes do nosso orgulho — ao furor de dolorosa tempestade.

Sara a gangrena da nossa luxúria — ao fogo de cautério cruel...

Assim como a corrente elétrica só faz incandescer o fio metálico, quando encontra grande resistência — assim só brilha o espírito humano em face da luta...

Revoltar-se contra a dor — é sinal de incompreensão...

Capitular em face da dor — é prova de fraqueza...

Espiritualizar-se pela dor — é afirmação de poder espiritual.

Sofre o estóico, em passiva resignação, porque não pode evitar a adversidade.

Sofre o revoltado como sofre o escravo inerme e com taciturno protesto contra iníquo opressor...

Sofre o cristão, porque o Cristo sofreu — e assim entrou na sua glória...

E, ainda que pudesse na glória entrar sem sofrer — não quereria nela entrar senão pela porta do seu Redentor.

Somente via Calvário quer o discípulo do Cristo subir ao Tabor...

Quer por amor ao Cristo sofrer o que o Cristo por amor sofreu...

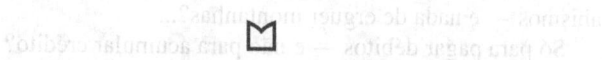

A culpa de todos é o sofrimento de muitos*

Há culpabilidade individual — mas há também penalidade coletiva.

Pode um indivíduo não ser pessoalmente culpado; mas o fato de ele pertencer a um organismo humano, cujos indivíduos são culpados, faz esse indivíduo sujeito à penalidade coletiva.

Isto é injustiça?

Não.

O indivíduo humano comum é "filho de mulher", filho dessa mãe comum que é a mãe-humanidade, à qual ele está preso pelo cordão umbilical do seu ego hominal; ele é apenas seminato, espécie de nascituro — corpo-nato, não espírito-nato — não é ainda um pleni-nato, nascido de espírito. Aqui na terra apareceu apenas um único homem pleni-nato, o "filho do homem", o homem integral, que não estava mais ligado à mãe-humanidade pelo cordão umbilical do ego. Somente o Eu é pleni-nato, o ego é seminato, embora seja um ego virtuoso, não é um Eu sapiente.

A geração natural esperma-óvulo oriunda de duas libidos — que é a mais alta forma de egoísmo — não permite pleni-nato, que seria fruto de puros amores. Só a geração verbo-óvulo permite pleni-nato. A libido macho-fêmea mantém o homem no plano do seminato ("em dores darás à luz os teus filhos"). Somente o amor garante pleni-nato.

---

* Este capítulo foi extraído do livro *Entre Dois Mundos*.

Não terá a libido, em lugar do amor, sido o tal "pecado original"?

Adam, a razão do Eu, já tendo a potencialidade de gerar pelo verbo (*lógos*, razão), deixou-se seduzir pela libido ego encarnada em Eva, ligada ainda aos sentidos e ao intelecto. Eva, recém-saída do mundo do ego, fez baixar Adam (o Adi-aham, primeiro ego) ao plano da animalidade, quando Adam devia elevar Eva ao plano da hominalidade.

Poderia haver geração verbo-óvulo, por amor — e houve apenas geração esperma-óvulo, por libido. E como poderiam duas libidos gerar um homem perfeito, um pleni-nato, um "filho do homem"? "Filho do homem" seria produto do amor — "filho de mulher" é produto da libido.

Somos todos "filhos de mulher", libido-natos — e não "filhos do homem", amor-natos; e por isto estamos sujeitos à penalidade coletiva, embora nos tenhamos emancipado de uma culpabilidade individual. O nosso mal é da nossa origem, da concepção pela libido. É este o "pecado original".

Podemos, pelo poder do livre-arbítrio, libertar-nos da culpa — não podemos libertar-nos da pena, que é uma espécie de contágio ou contaminação racial. Enquanto a raça humana como tal não se originar de outro modo, não cessarão os sofrimentos.

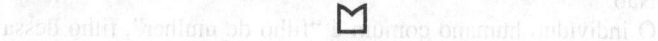

Por que está o homem espiritual sujeito a doenças?*

O mais tenebroso mistério, nesse campo de auto-realização, é o seguinte: Por que é que os homens altamente realizados, espirituais, ainda sofrem doenças e morte? O grande Maharishi, de Arunachala, morreu de câncer. Mahatma Gandhi tinha as suas misérias físicas. Francisco de Assis morreu na flor da idade...

A única exceção até hoje conhecida é o caso de Jesus, o Cristo, do qual não consta que tivesse sofrido doença; e ele mesmo afirma e prova que não está sujeito à morte compulsória.

Parece que também Moisés viveu 120 anos em perfeita saúde, e não sofreu morte compulsória, mas transformou o seu corpo material em corpo astral.

Não deveria uma elevada espiritualidade do Eu superior abranger também o ego inferior, integrando-o naquele? Não devia a definitiva substituição do egoísmo pelo amor ter como corolário e conseqüência necessária às outras transformações, como a substituição da ignorância pela sapiência, das moléstias pela saúde, da decadência do corpo corruptível pela transformação desse corpo em corpo incorruptível?

Consta, vagamente, pelos livros sacros e pela história, que alguns homens — Henoch, Elias, Moisés, bem como, ultimamente, Bábaji, da Índia — não morreram, mas transformaram o seu corpo visível num corpo invisível.

---

* Este capítulo foi extraído do livro *A Grande Libertação*.

Mas, não devia isto ser a regra geral, para o homem de elevada espiritualidade e completo triunfo do Eu divino sobre o ego humano? A resposta é a seguinte:

Não parece ser possível, nesses 30, 50, 80 anos de vida terrestre, permearmos devidamente de luz incorruptível a substância opaca do nosso corpo corruptível, imunizando-o das fraquezas e da morte. Esse processo de lucificação levará séculos e milênios; aqui, neste jardim de infância do planeta Terra, só podemos dar o primeiro passo para essa imunização final, só nos podemos "iniciar", soletrar o *abc* nesta escola primária, mas não podemos "finalizar" ou formar, na Universidade do espírito, a exemplo do Cristo, o único homem plenamente finalizado ou auto-realizado, ele, o "filho de Deus", que era o "filho do homem", o homem por excelência, o homem integral.

O corpo de Jesus, embora material, era dotado de outras vibrações; não era compulsoriamente material, como o nosso, mas livremente material, ou materializado, e por isto era facilmente imaterializável.

"Carne e sangue não podem herdar o reino de Deus" — fecundação da carne pelo sangue não dá imortalidade; mas sim fecundação da carne pelo verbo, pelo espírito.

"Os que recebem em si essa luz (o verbo de Deus, a vibração espiritual) recebem o poder de se tornarem filhos de Deus, os que nasceram, não pelo desejo do varão (esperma), nem pelo desejo da carne (óvulo), nem pelos sangues (*ek haimáton, ex sanguinibus*, no plural, tanto em grego como em latim, quer dizer, da fusão de dois sangues, masculino e feminino, esperma e óvulo), mas de Deus... E o Verbo se fez carne"...

"Disse o varão de Deus (*Gabri* = varão, *el* = Deus) a Maria: O espírito cósmico (santo) virá sobre ti e o poder do Altíssimo te fará sombra (fecundará), e é por isto que o santo que nascer de ti será chamado filho de Deus"...

Respondeu Maria: "Faça-se em mim segundo o teu Verbo (vibração espiritual). E o Verbo se fez carne", a vibração espiritual, a força do Altíssimo, canalizada pelo varão de Deus (Gabriel), atuou sobre a carne da virgem e gerou o filho de Deus, que é o único filho do homem autêntico e integral até hoje conhecido.

Esse processo de geração da humanidade de Jesus, pelo Verbo e pela carne, é o único processo integralmente humano e natural, e que devia ser o processo normal de procriação entre os homens. A

"Serpente rastejante" que falou com Eva frustrou essa espécie de fecundação; mas, algum dia, a "serpente erguida às alturas", a que se refere o Cristo, fará prevalecer esse processo de geração dos filhos de Deus.

"Assim como Moisés, no deserto, ergueu às alturas a serpente, assim deve também o Filho do Homem ser erguido às alturas, para que todos aqueles que nele tiverem fé tenham vida eterna."

A vida mortal é produto da serpente rastejante, horizontal, que "come o pó da terra" — mas a vida imortal é produto da serpente sublimada, verticalizada. A "árvore do conhecimento" concebe homens mortais — a "árvore da vida" gera homens imortais[1].

No processo de fecundação verbo-carne falta o fator libido, existente no processo genésico carne-carne, esperma-óvulo. O "pecado" está propriamente nessa libido, por amor à qual os sexos se unem, e não por amor à vida que vão procriar. Essa libido é a tara, o "pecado original", que contagia o homem com um elemento de corruptibilidade, que ele devia ter superado, para ser verdadeiro e completo "filho de Deus".

O "êxtase da carne" devia ser substituído pelo "êxtase do espírito" — e seria gerado um homem incorruptível.

A erótica é a mística da carne — assim como a mística é a erótica do espírito. Por aquela vem o homem mortal — por esta, o homem imortal.

O corpo verbo-gerado seria um corpo perfeito, imune de impacto de qualquer doença e da morte compulsória. O nosso corpo, que já entrou na existência com a tara de não ser verbo-gerado, mas esperma-gerado, não consegue, por isto mesmo, libertar-se do impacto negativo de doenças e da morte.

O manifesto ou latente anti-sexualismo que vai por todas as

---

[1] *Kundalini* jaz, enroscada, nos *chakras* inferiores da coluna vertebral. Imenso é o seu poder criador — mas acha-se ainda em estado de dormência. Quando essa serpente horizontal se verticaliza, subindo pelos misteriosos canais internos da "árvore da vida" que está no centro do paraíso do corpo humano, então a semente vital que ela emitia pelo canal inferior do corpo humano sobe até ao canal superior, a laringe (cuja forma é semelhante à daquele membro viril) — e a semente vital é sublimada pela alquimia do "verbo que sai da boca de Deus". O homem gera, então, pela semente do espírito, que é o "Verbo, cheio de graça de verdade"...
"Quem puder compreendê-lo compreenda-o!"...

grandes religiões, tem a sua base esotérica nos fatos acima expostos, e todo homem diminui instintivamente a sua erótica na razão que aumenta a sua mística.

A erótica crea a imortabilidade racial, sucessiva, no plano horizontal.

A mística crea a imortalidade individual, simultânea, na zona vertical; crea os "eunucos que assim se fizeram por amor ao reino de Deus", não por mutilação corporal, mas por sublimação espiritual.

Não podemos neutralizar a nossa geração material, mas podemos, pela força do espírito, preludiar, na vida presente, a nossa geração espiritual em outros mundos. Podemos "iniciar-nos" graças ao "renascimento pelo espírito", lançando as bases para o nosso futuro corpo incorruptível, isento de moléstias e da morte compulsória. "No futuro *aion* não se casa nem se dá em casamento"...

O nosso corpo, esperma-gerado, alérgico às doenças e à morte, parece até aumentar a sua alergia negativa na medida em que a alma se vai espiritualizando progressivamente.

Esse fenômeno é devido à crescente sensitivação desse corpo; na razão direta que o homem espiritual toma sobre si os sofrimentos de seus semelhantes, sentindo-os como seus próprios males.

A caridade, antes de atingir as alturas do amor, é sumamente acessível às dores alheias. O homem profano é uma espécie de paquiderme que sofre apenas as dores próprias, indiferente às misérias alheias; mas o homem em vias de espiritualização é "altruísta", vulnerável, sofre as dores dos outros mais dolorosamente que suas próprias, e, não raro, provoca, consciente ou inconscientemente, uma transferência dos sofrimentos dos outros para dentro de seu próprio corpo.

A caridade é como a água, que recebe em si as impurezas que tira dos objetos impuros.

O amor é como a luz ou o fogo, que purifica os objetos impuros, mas não transfere para si essas impurezas; aniquila-as, neutraliza-as totalmente. Há água impura, mas não existe luz impura. A água purifica tornando-se impura, a luz purifica continuando pura.

O Cristo era a "luz do mundo" em perfeito estado de lucificação — nós somos essa mesma "luz do mundo", mas ainda em estado latente, de baixa lucificação; e por isto não é nossa luz assaz poderosa para nos permear e imunizar devidamente das misérias humanas que nos cercam e nos contagiam.

O homem da caridade mantém-se puro da *culpa* dos profanos,

mas não das *penas* que seguem à culpa, e, como existe um *karma* coletivo da humanidade, o homem caritativo absorve grande parte desse *karma* de seus semelhantes. Ele é "batizado com água", mas após esse batismo de João vem o Cristo, que o "batizará com o fogo do espírito cósmico". Quem recebe esse batismo de fogo e de luz, é totalmente imunizado de sofrimentos e da morte compulsória.

Por ora, só nos podemos "iniciar" no batismo da água, preludiando o batismo de fogo em outros mundos, que nos "finalizará", fazendo-nos "novas creaturas em Cristo", plenamente libertos, remidos e auto-realizados como autênticos "filhos de Deus".

(Nota desta edição: no meu livro recente *A Nova Humanidade* encontrará o leitor resposta mais aprofundada para este problema.)

"Bem-aventurados os que sofrem perseguição por causa da justiça, porque deles é o Reino dos Céus"*

O Mestre amplifica esta bem-aventurança, acrescentando: "Bem-aventurados sois vós, quando vos injuriarem e perseguirem e caluniosamente disserem de vós todo o mal, por minha causa; alegrai-vos e exultai, porque grande é a vossa recompensa nos Céus".

Quem lê esta bem-aventurança, e sobretudo o seu acréscimo, do ponto de vista do ego profano, não pode furtar-se à impressão ingrata de que a mensagem do Cristo é visceralmente sadista e escapista. Imagine-se: felizes são os que sofrem perseguição e difamação de toda a espécie porque deles é o Reino dos Céus, aqui e agora, e não apenas no futuro.

Sendo que o Reino dos Céus está dentro do homem, no seu Eu divino consciente e realizado, parece que a auto-realização anda necessariamente incompatível com a realização do ego. Parece que o homem não pode ser espiritualmente bom sem ser ao mesmo tempo mártir e vítima da sua própria espiritualidade. E, para justificar este conceito, vai através de toda a literatura de quase dois mil anos a idéia de que Jesus foi o rei dos sofredores, o homem das dores, o mártir por excelência. Fomos educados na idéia de que não se pode ser feliz no Aquém sem ser infeliz no Além, ou vice-versa; que os que são infelizes na terra serão necessariamente felizes no Céu.

É verdade que Jesus foi o rei dos sofredores?

---

* Este capítulo foi extraído do livro *Sabedoria das Parábolas*.

Os seus sofrimentos, em 33 anos de existência terrestre, não abrangem quinze horas, desde a quinta-feira à noite, até a sexta-feira pelas três horas da tarde. Os seus sofrimentos físicos talvez não cheguem a três horas, desde o meio-dia até as três horas da sexta-feira, quando expirou. E todos estes sofrimentos foram livremente aceitos, antecipadamente: "Não devia então o Cristo sofrer tudo isto para assim entrar em sua glória?".

Será que já existiu na face da terra um homem que vivesse 33 anos e sofresse tão pouco?

Mas... os sofrimentos morais e psíquicos de Jesus? A incompreensão do povo e dos seus próprios discípulos? A traição de Judas, a negação de Pedro e o abandono dos seus discípulos?

E não sabia o Cristo de tudo isso na encarnação? Não sabia ele que a encarnação era um mergulho nas trevas espessas do mundo material e hominal?

Quando se sofre livremente, por amor a um grande ideal, o sofrimento perde seu mais acervo amargor; realmente amargo é somente o sofrimento quando sofrido estupidamente, à-toa, sem se saber porquê, sem nenhuma finalidade superior.

Todo sofrimento, físico ou moral, realizado à luz de uma grande missão, de um ideal sublime é uma doce amargura, é um "jugo suave" e um "peso leve".

Foi nesse sentido que Jesus proclamou felizes os que sofreram perseguição por causa da verdade, precisamente porque deles é o Reino dos Céus que está no interior de todo o homem. Não diz "será", mas "é" o Reino dos Céus. O Reino dos Céus não jaz em nenhuma região distante e futura; o Reino dos Céus não é objeto de uma aquisição após morte.

O Reino dos Céus é a íntima natureza de todo o homem. A presença deste Reino é um fato, uma realidade no interior de cada homem. A diferença não está em que o Reino de Deus esteja *presente* em alguns, e *ausente* em outros — a diferença está unicamente no fato de terem alguns a *consciência* da presença desse Reino, e outros viverem na inconsciência dessa presença. Para alguns homens o Reino de Deus é ainda "uma luz debaixo do alqueire", para outros já é "uma luz no alto do candelabro" da sua consciência espiritual.

Os que ainda não conscientizaram a presença da luz, do Reino dentro de si, sofrem como se essa luz, esse Reino, estivessem ausentes, como se tudo fosse treva espessa.

A conscientização da presença da luz do Reino depende da reta ou falsa função do livre-arbítrio de cada um.

É experiência geral que o ego, quando está repleto de gozos e satisfações, dificilmente se interessa pelas coisas de seu Eu espiritual. O desejo de algo espiritual só desperta no homem quando lhe faltam os objetos do ego. O homem-ego só conhece os *objetivos da vida*, mas ignora a sua *razão de ser*. Enquanto os objetivos da vida estão presentes em abundância, o homem profano procura a sua satisfação e felicidade nesses objetos, e dificilmente descobre a sua razão de ser, que tem que ver com o seu sujeito profundo, com o seu Eu interno.

A parábola dos convidados à festa nupcial, do Evangelho, é uma ilustração típica dessa atitude: os homens profanos, convidados em primeiro lugar, não compareceram à festa nupcial do Reino de Deus, porque um comprou um sítio e tinha de vê-lo e cultivá-lo; outro comprou cinco juntas de bois e tinha de experimentá-los; o terceiro havia casado e tinha festa e baile em casa. Todos eles, de tão satisfeitos com os objetos da vida, não sentiam a fome de uma razão de ser superior. Os seus *teres* e *fazeres* eclipsaram totalmente o seu *ser*. Não atingiram a plenitude espiritual por causa das suas pseudo-plenitudes materiais, que eram as suas grandes vacuidades.

Então, convidou o senhor da festa nupcial os pobres, os aleijados, os surdos, todos os que não estavam saturados com os objetivos da vida, e estes compreenderam a razão de ser da sua existência superior, e compareceram à solenidade do Reino de Deus, pelo autoconhecimento e pela auto-realização.

A transição do ego-consciência para o Cristo-consciência, implica, quase sempre, em sofrimento, em "caminho estreito e porta apertada"; mas, uma vez conseguido o Cristo-consciência, a vida do homem espiritual pode tornar-se um "jugo suave" e um "peso leve".

Para os *realizandos*, a espiritualidade é um sofrimento.

Para os *realizados*, é um gozo.

A *infeliz satisfação* do profano deve passar pela *feliz insatisfação* do místico — a fim de poder, um dia, culminar na feliz satisfação do homem cósmico.

Todos os Mestres da vida espiritual falam a homens profanos, espiritualmente analfabetos, como é o grosso da humanidade. E por isto insistem na necessidade da renúncia, do sacrifício, da abnegação. Insistem na transição do homem profano para o homem místico —

e pouco se referem ao homem cósmico. A pedagogia tem de preceder à metafísica. Se os Mestres mostrassem a compatibilidade da felicidade espiritual com os gozos externos, que aconteceria? A imensa maioria dos profanos se julgaria pertencente à elite dos homens cósmicos; substituiriam a libertação real por uma pseudo-libertação ilusória, gozando os prazeres da vida, na ilusão de serem homens cósmicos, de terem já superado o doloroso período ascético-místico.

O profano, sobretudo, quando ignorante, e ainda por cima arrogante, facilmente se convence de que o seu primitivismo espiritual é perfeição e que renúncia, sacrifício, ascese são estágios superados. O mais difícil dos doentes é aquele que considera como saúde a sua própria enfermidade. Os grandes Mestres sabiam disto, e por isto insistiam grandemente na renúncia e no sacrifício: "Quem não renunciar a tudo que tem não pode ser meu discípulo". Só depois de renunciar corajosamente a tudo, é que o homem pode possuir algo sem perigo — pode mesmo possuir tudo sem ser possuído de nada. Mas estes poucos — onde estão?

Albert Schweitzer escreve: "O cristianismo é uma afirmação do mundo que passou pela negação do mundo".

E Mahatma Gandhi diz: "Homem, renuncia a tudo, entrega tudo a Deus — e depois recebe-o de volta, purificado, das mãos de Deus".

O homem-ego é incrivelmente insincero consigo mesmo; a expressão bíblica *ommis homo mendax* (todo homem é mentiroso) é pura verdade: o homem tem a inestirpável mania de se iludir a si mesmo, de se julgar auto-realizado, quando nem começou ainda o *abc* da sua iniciação. Em vez de soletrar o *abc* e a tabuada na escola primária, procura matricular-se na universidade do espírito.

Em face desse pendor de insinceridade, de mendicidade, de autodecepção, devem os grandes Mestres falar como falam, chamar felizes os que sofrem perseguição e difamação por causa da verdade. Só assim podem eles levar os analfabetos do espírito a aprenderem os rudimentos da espiritualidade.

Ninguém pode passar do primeiro ao terceiro, sem passar pelo segundo. Ninguém pode passar do mundo da consciência Cristo-cósmica, sem ter passado pelo mundo da mística ascética.

Segundo todos os Mestres, o caminho ascensional passa pelos estágios da purificação, da iluminação e da união. Se o profano impuro não se purificar das suas impurezas, não pode ser iluminado pela mística, nem unido pela consciência cósmica.

É esta a matemática inexorável do Reino de Deus.
É esta a lógica retilínea da libertação pela verdade.
É imensa a legião dos profanos que se julgam cósmicos — porque não passaram ainda pelo noviciado da mística.

Quanto mais severamente o homem passar por esse noviciado místico-ascético, tanto mais esperança tem ele de entrar um dia no mundo glorioso da consciência cósmica do Cristo.

"Bem-aventurados os que sofrem perseguição pela justiça, porque deles é o Reino dos Céus".

Sofrimento redentor*

Deus do céu! como andava eu falsificado!...
Quão adulterado em mim mesmo...
Como andava soterrado,
Pelo ilusório ego humano,
O meu autêntico Eu divino!...
E sobre a base desse pseudo-eu humano
Corria a minha vida diária
Vida de ódios e rancores,
Vida de cobiças e egoísmos,
Vida de orgulhos e luxúrias...
Ao redor de mim havia amigos e inimigos,
Criaturas simpáticas e antipáticas,
Seres dignos do meu amor e do meu ódio
Tamanha era a falsificação da minha vida.
Veio então o sofrimento redentor...
O grande purificador de todas as impurezas...
O grande retificador de todas as tortuosidades...
O grande demolidor de todos os ídolos...
O grande simplificador de todas as complexidades...
E, após demolidas as muralhas do pseudo-eu,
Pela violência desse terremoto,

---

* Este capítulo foi extraído do livro *Escalando o Himalaia*.

Pela veemência desse incêndio,
Pela crueldade dessa tormenta,
Pela sangrenta benevolência da dor,
Eis que ficou em pé tão-somente
O meu genuíno e autêntico Eu divino,
O meu eterno e puríssimo Cristo!...
Disseram-me então que eu ia morrer,
Que me sobravam poucos dias de vida terrestre.
Mas eu nada compreendi dessa linguagem profana,
Envolto na minha grande sacralidade,
Porque abolira a morte compulsória de fora
Pela morte voluntária de dentro...
Antes de ser morto
Eu morrera...
E esse glorioso morrer espontâneo
Me libertou do inglório morrer compulsório,
Libertou-me do que esse morrer tem de amargo e lúgubre.
Agora sou todo luz e leveza,
Como um raio solar,
Como um sopro de Deus...
E, após essa morte e ressurreição de dentro.
Sinto-me seguro e invulnerável.
Nada mais me pode derrotar,
Nada mais me pode fazer infeliz.
Sinto-me definitivamente remido
De todas as velhas irredenções
Engendradas pelo ego falaz.
Ingressei no reino dos céus,
Nasci para a vida eterna...
Aleluia!...
Hosana!...

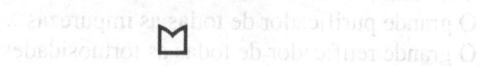

Foge da tua "felicidade" e serás feliz!*

Com este capítulo atingimos um dos segredos centrais da verdadeira felicidade, por mais paradoxal que pareça o título acima. Ninguém pode ser íntima e solidamente feliz se não sacrificar a sua "felicidade" pela felicidade dos outros. Ninguém pode ser realmente feliz enquanto não se perder em algo maior do que ele mesmo.

Quem gira 24 horas por dia, 365 dias por ano, ao redor de si mesmo, do seu pequenino ego humano, dos seus pequenos prazeres e das suas mágoas pessoais, será necessariamente infeliz. Para ser profundamente feliz é indispensável abandonar de vez a trajetória do seu ego e lançar-se à vastidão do Infinito, permitindo ser invadido por Deus. E, como passo preliminar para essa mística divina, entusiasmar-se por alguma obra de ética humana, trocar o seu pequeno *eu* pessoal pelo grande *nós* universal.

Existe uma lei eterna que proíbe o homem de girar ao redor de si mesmo, sob pena de atrofia psíquica e espiritual, sob pena de ficar internamente doente e infeliz. A Constituição Cósmica exige que todo o homem, para ser feliz, gire em torno da felicidade dos outros, ou, na frase lapidar do mais feliz dos homens que a história conhece, que "ame a Deus sobre todas as coisas e seu próximo como a si mesmo", que "perca a sua vida — para ganhá-la".

---

* Este capítulo e os dois seguintes foram extraídos do livro *O Caminho da Felicidade*. Um curso de filosofia prática de autoria de HR, cujo conteúdo é altamente compatível com a mensagem desta obra.

Julgam os ignorantes e inexperientes que este preceito evangélico, reflexo da sabedoria dos séculos, represente algum idealismo aéreo e impraticável; mas os experientes sabem que ele é sumamente realista, porque encerra o elixir da verdadeira felicidade. Quem nunca aplicou essa receita não sabe da sua eficiência; mas todos os que a aplicaram sabem que ela é 100% eficiente. Nunca ninguém se arrependeu de ter sido altruísta, porém milhares e milhões se tem arrependido de terem sido egoístas. Se um egoísta pudesse ser realmente feliz, estaria ab-rogada a Constituição do Universo, teria o caos suplantado o cosmos. Ninguém pode ser feliz *contra* o Universo, mas tão-somente *com* o Universo — a lei básica do Universo, porém, é o amor.

"Quem quiser ganhar a vida, perdê-la-á; mas quem perder a sua vida por minha causa (do Cristo, que é o amor), ganhá-la-á."

Milhares de pessoas só encontraram a sua felicidade no dia em que, esquecidas das suas próprias misérias, se condoeram das misérias alheias.

Legiões de infelizes descobriram a felicidade no momento em que, deixando de gravitar em torno do seu pequeno ego, foram levar a algum doente uma palavra de consolo, um auxílio material, um *bouquet* de flores, para lhe amenizar a solidão e monotonia.

O ignorante procura a felicidade em querer receber — e não a encontra porque isto é egoísmo; o sapiente, porém, encontra no dar a felicidade que não buscava; porquanto "há mais felicidade em dar do que em receber".

Quem só quer receber confessa que é pobre, indigente, miserável — mas quem quer dar, sempre dar, dar o que tem e dar o que é — esse prova que é rico, fonte de inesgotável riqueza.

No plano das quantidades, é verdade, quem dá empobrece, e quem recebe enriquece; mas, no plano da qualidade, quem quer receber empobrece, e quem dá enriquece.

O mestre que dá as suas idéias a seus discípulos não perde essas idéias; pelo contrário, quanto mais as dá, mais firmemente as possui e mais aumenta o seu cabedal de idéias, dando-as aos outros.

O homem que dá o seu amor aos seus semelhantes não perde esse amor, mas tanto mais firme o possui quanto mais profusamente o distribui a seus semelhantes. Quem se recusa a dar seu amor aos outros perde-o — se é que o possuía! — porque, nesse mundo superior, *dar* é possuir tanto mais quanto mais se dá, ao passo que *não querer dar* é perder aquilo que se possui, ou julgava possuir.

Objetará alguém que também isto é egoísmo: querer enriquecer a alma pelo fato de dar aos outros.

Não é exato. Não é egoísmo. O verdadeiro altruísta não dá *para* receber algo em troca da parte de seus semelhantes; se esperasse retribuição, mesmo que fosse em forma de gratidão e reconhecimento, seria egoísta. Que é que acontece? O altruísta não espera nada por seus benefícios, nem mesmo gratidão (embora o beneficiado tenha a obrigação moral de ser grato!).

Entretanto, segundo os imutáveis dispositivos da Constituição Cósmica, ou Providência de Deus, é inevitável que o homem desinteressadamente bom seja enriquecido por Deus — por Deus, e não pelos homens! A distribuição dos benefícios que o altruísta faz é, por assim dizer, realizada na *horizontal*.

Mas o enriquecimento lhe vem na *vertical*. Distribuí ao redor de si, a seus irmãos, mas recebe das alturas, de Deus — nem pode evitar esse enriquecimento de cima, uma vez que ninguém pode modificar, mesmo que quisesse, a eterna lei cósmica, que enriquece infalivelmente a todo homem desinteressadamente bom.

Esse enriquecimento, não há dúvida, é, em primeiro lugar, interno. Acontece, porém, que, não raro, esse enriquecimento interno transborde também em prosperidade externa, devida à íntima relação entre alma e corpo. "Procurai primeiro o reino de Deus e a sua justiça — disse o Mestre — e todas as outras coisas vos serão dadas de acréscimo." Ser espiritualmente bom *a fim* de ser materialmente próspero, seria erro funesto. Em caso algum pode o espiritual servir de meio para todo o material. O homem realmente espiritual é *incondicionalmente bom*, pratica o bem única e exclusivamente por causa do bem, sejam quais forem as conseqüências externas dessa sua invariável atitude interna. "O reino de Deus e sua justiça" é a única coisa que o homem deve buscar diretamente, ao passo que "as outras coisas lhe serão dadas de acréscimo", lhe advirão espontaneamente, sem que o homem as procure.

Desde que o homem especule mercenariamente para receber qualquer benefício externo pelo fato de ser bom, já está num trilho falso, porque degrada as coisas espirituais e é escravo das coisas materiais — e não pode ser feliz. O espiritual deve ser buscado incondicionalmente, sem segundas intenções — e Deus se encarregará do resto.

A felicidade pessoal não é, pois, algo que o homem deva buscar como prêmio da sua espiritualidade, nem mesmo como uma espécie de "céu" fora dele — essa felicidade lhe será dada como um presente inevitável, como uma graça, como um dom divino — suposto que ele seja incondicionalmente bom.

Essa atitude interna de completo desinteresse, é claro, exige grande pureza de coração, e é por isto mesmo que o Nazareno proclama "bem-aventurados os puros de coração, porque eles verão a Deus".

"Pureza de coração" é isenção de egoísmo.

É imensamente difícil para o homem profano ser integralmente honesto consigo mesmo, não camuflar intenções, não criar cortinas de fumaça para se iludir egoisticamente sobre os verdadeiros motivos dos seus atos. Um homem que, digamos, durante dez ou vinte anos, praticou vida espiritual, mas não conseguiu prosperidade material, e se queixa desse "fracasso" descrendo da justiça das leis eternas que regem o Universo e a vida humana, esse homem não é realmente espiritual, nutre um secreto espírito mercenário, esperando receber algo material por sua espiritualidade; não busca sinceramente o reino de Deus e sua justiça, e, por isto mesmo, não lhe são dadas de acréscimo as outras coisas.

Só um homem que possa dizer como Job, depois de perder tudo: "O Senhor deu, o Senhor o tirou — Seja bendito o nome do Senhor!" ou que compreenda praticamente as palavras de Jesus: "Quando tiveres feito tudo que devíeis fazer, dizei: Somos servos inúteis; cumprimos apenas nossa obrigação, nenhuma recompensa merecemos por isto" — só esse homem é realmente espiritual e descobrirá o segredo da verdadeira felicidade.

A felicidade, como se vê, tem de ser conquistada a preço da mais absoluta pureza de coração — e porque tão poucos são os que conseguem essa pureza sem jaça, por isto são tão poucos os homens realmente felizes.

"Estreito é o caminho e apertada é a porta que conduz ao reino dos céus!"...

O altruísmo de que falamos é um meio para o homem fechar as portas ao seu egoísmo pessoal e abrir a porta à invasão do seu grande Eu espiritual. Quem quer auto-realizar-se em sua alma, deve substituir o seu egoísmo pelo altruísmo. O ego só se encontra com Deus *via* tu.

Pensa positivamente!

O diretor duma grande empresa comercial de Nova Iorque costumava reunir cada ano seus numerosos agentes espalhados por todo o país, para uma espécie de orientação e balanço.

Certa vez, em tempo de grande crise econômica, todos os agentes voltaram pessimistas e desanimados e seus relatórios só refletiam derrotismo. O diretor escutou em silêncio as lamúrias de cada um dos seus auxiliares. Depois, levantou-se e em silêncio suspendeu na parede um grande cartaz branco com um pequeno ponto preto no centro.

E perguntou a um dos agentes:

— Que é que está vendo?
— Um ponto preto — respondeu o interrogado.
— E você? — perguntou ao outro.
— Um ponto preto num papel branco.
— E você?
— O mesmo?
— E você?
— Um ponto preto.
— E você?
— Um ponto preto num cartaz branco.
— Mas, será possível — exclamou o diretor — que vocês todos enxergaram apenas um ponto preto, ou então um ponto preto num papel branco? Será que ninguém enxerga um enorme cartaz branco com um pequenino ponto preto? Quando o branco é mil vezes maior que o preto?...

E fez ver a seus auxiliares que, apesar das inegáveis dificuldades que haviam encontrado em suas viagens, também haviam, por outro lado, feito experiências muito positivas, abrindo novos mercados de venda, entrando em contato direto com novas zonas de fregueses, colhendo preciosas experiências em tempo de crise aguda, etc.

Fez-lhes ver que *pensar positivamente*, em meio às negatividades, é essencial para melhorar a situação, porque o pensamento é uma força criadora, quando positivamente orientado, e uma força destruidora, quando orientado negativamente.

Lemos na vida do grande inventor Tomás Edison que esse homem fez nada menos de 700 experimentos infrutíferos, durante longos anos, para criar uma lâmpada de filamentos incandescentes, como as que hoje em dia usamos. Finalmente, um dos seus auxiliares, desanimado com tantos fracassos, sugeriu a Edison que desistisse de futuras tentativas, porque, depois de 700 tentativas, não havia avançado um só passo.

"O quê?" exclamou o genial inventor, "não avançamos um passo? avançamos 700 passos rumo ao êxito final! sabemos de 700 coisas que não deram certo! estamos para além de 700 ilusões que mantínhamos anos atrás e que hoje não nos iludem mais. E a isto você chama perda de tempo?"

Esse homem estava habituado a pensar *positivamente* — segredo dos seus estupendos triunfos.

A plantinha delicada da felicidade não medra senão nesse clima do *pensamento positivo*.

Que diríamos de um homem que se recusasse a gozar dos benefícios da luz solar por saber que existem no globo solar enormes manchas escuras? ou que definisse o sol como grandes manchas tenebrosas rodeadas de luz?

Em linguagem evangélica se chama essa filosofia negativista "enxergar o argueiro no olho do irmão — e não enxergar a trave no seu próprio olho", quer dizer, ver sobretudo no próximo as faltas, embora pequeninas, e não perceber as suas próprias faltas, por mais enormes que sejam.

Há uma terapêutica para estabelecer perfeita paz e felicidade na alma, e uma imperturbável harmonia na sociedade humana; consiste na observância do seguinte conselho: Homem, habitua-te a atribuir sempre ao próximo as virtudes que descobres em ti! — e a atribuir a ti mesmo as faltas que encontras no próximo!

O remédio é de efeito infalível — embora seja amargo como losna.

Pensar positivamente apresenta outro aspecto ainda: não focalizar, mediante lembrança assídua e atenção concentrada, os males reais da vida; ignorá-los o mais possível; não falar deles se não for absolutamente necessário. A revista americana *Reader's Digest* (em vernáculo, *Seleções*) provou, ultimamente, que a mania de fazer psicanálise a torto e a direito criou uma verdadeira legião de doentes psíquicos, devido ao fato de concentrarem a atenção em males imaginários, ou semi-imaginários, tornando-os reais por essa mesma focalização constante.

Quem vive a pensar e falar em doenças acabará por ficar doente.

Quem tem um princípio de resfriado e admite firmemente o fato, aceitando ainda por cima a confirmação da parte de amigos solícitos e condolentes, pode ter a certeza de que estará amanhã muito pior do que hoje — mas, se tiver o bom senso de desviar a atenção do seu pequeno resfriado, subtrai ao vírus o solo de que se alimentava, obrigando-o a morrer dentro de um dia, graças a essa "injeção mental".

Da mesma forma, quem vive a pensar e falar nas faltas e fraquezas do próximo prepara o terreno para ele mesmo cometer o que censura nos outros, além de facilitar a continuação dessas fraquezas nos outros.

Quem vive a lamentar covardemente o mal que fez, em vez de praticar corajosamente o bem que pode fazer, aduba o terreno para males cada vez maiores. Não se acaba com as trevas vociferando contra elas — mas sim acendendo silenciosamente uma luz no meio delas.

"O homem é aquilo que ele pensa", diz a sabedoria da Sagrada Escritura. Quer dizer que o homem se tornará, aos poucos, no plano físico, aquilo que ele é no plano psíquico e mental dos seus pensamentos habituais. Todo o mundo físico é uma projeção do espírito creador. O mundo é um pensamento de Deus cristalizado em matéria. Se Deus não pensasse os mundos, os mundos não existiriam; e só continuam a existir enquanto forem creadoramente pensados.

Da mesma forma, todo pensamento humano é creador — ou então destruidor, conforme as suas vibrações positivas ou negativas.

Não há no mundo força maior que o pensamento — para o bem ou para o mal.

Pode um pensamento positivo sanar o mais infecto dos pantanais

— e pode um pensamento negativo envenenar o mais belo dos jardins!

Por isso, deve o homem vigiar solicitamente os seus pensamentos, para que a sua repetição habitual não acabe por crear na alma uma atitude indesejável que lhe dificulte a felicidade.

Pensamentos negativos são: ódio, medo, rancor, ressentimento, maledicência, desânimo, pessimismo, covardia, desconfiança, etc.

O ignorante pretende fazer mal aos outros — mas a pior vítima é ele mesmo, porque todo o mal, antes de atingir o objeto externo, já feriu o sujeito interno. O mal que os outros me fazem não me faz mal, porque não me fez mal — mas o mal que eu faço aos outros, este sim me faz mal, porque me fez mau. Ninguém pode fazer mal aos outros sem ser mau ele mesmo. Quem é objeto de um mal sofre apenas na sua *quantidade* externa — mas quem faz mal degrada a sua *qualidade* interna.

Ser positivo, pensar e sentir positividade, é preparar o terreno para a verdadeira felicidade — ou melhor, essa mesma atitude positiva é que é a felicidade.

Não basta arrepender-se, é necessário converter-se. A palavra grega que o Evangelho usa para "conversão" é *metánoia*, que quer dizer literalmente "transmentalização". Alguns tradutores traduzem esta palavra por "arrependimento", outros ainda pior, por "fazer penitência". A única tradução exata é transmentalizar-se ou converter-se, isto é, ultrapassar a sua mente ego e entrar no seu espírito Eu. Judas se arrependeu, mas não se converteu, e por isto se suicidou. Arrepender-se é detestar o mal que se fez; converter-se é detestar o mal e fazer o bem.

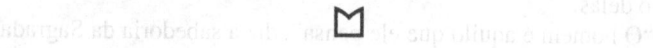

◻

Conhece os milionários
da felicidade!

No meio das trevas da infelicidade aguda e das penumbras do descontentamento crônico, convém que o homem levante os olhos para as luminosas alturas de algum dos grandes milionários da felicidade.

Tem havido, e há, na história da humanidade, muitos homens felizes, homens que tiveram o bom senso de construir a sua felicidade de dentro, e não a esperavam, de fora, das circunstâncias fortuitas do ambiente. Verdade é que a verdadeira felicidade é silenciosa como a luz, ao passo que a infelicidade costuma ser barulhenta; e por isto sabemos de tantos infelizes e tão pouco de homens felizes. De quando em quando, porém, a silenciosa felicidade dos felizes se irradia pelo ambiente de tal modo que até os infelizes percebem algo dessa luminosidade. E, por via de regra, os homens felizes são encontrados lá onde os profanos não os esperavam encontrar — no meio dos sofrimentos...

Job, Moisés, Buda, Francisco de Assis, Jesus, Paulo de Tarso, e tantos outros, encheram séculos e milênios com a exuberância da sua felicidade — sua felicidade sofrida.

Em nossos dias, houve dois homens eminentemente felizes: Mahatma Gandhi e Albert Schweitzer. O primeiro, assassinado na Ásia; o outro, que viveu mais de meio século, nas selvas da África, a fim de repartir com seus irmãos negros o grande tesouro da sua felicidade.

Naturalmente, quem confunde felicidade com prazer, e infelicidade com sofrimento, jamais compreenderá que homens dessa natureza possam ser milionários da felicidade. No entanto, eles o foram. E nenhum deles jamais se arrependeu do preço pelo qual adquiriu esta felicidade: a renúncia voluntária.

Existe uma renúncia negativa e destruidora — mas existe também uma renúncia positiva e construtora. Pode-se desertar de tudo por excessiva infelicidade, destruindo a própria vida dos corpos — e pode-se abandonar tudo por excesso de felicidade, até a vida física. Quem encontrou o seu verdadeiro *Eu* assume atitude de benévola indiferença em face do que é *seu*.

Há homens escravizadamente escravos.

Há homens livremente livres.

E há homens livremente escravos, homens tão soberanamente livres de todas as escravidões internas que podem voluntariamente reduzir-se a uma escravidão externa, por amor a um ideal ou à humanidade.

Esses homens livremente escravizados por amor são os grandes milionários da felicidade.

Albert Schweitzer, quando estudante universitário de 21 anos, sentiu dentro de si tamanha abundância de felicidade que resolveu consagrar o resto da sua vida ao serviço imediato da parte mais infeliz da humanidade, o que fez durante 52 anos até a idade de 90 anos, alquebrado de corpo, porém jovem de alma.

Mahatma Gandhi, aos 37 anos, adotou a humanidade inteira por sua família, gesto esse que foi acompanhado espontaneamente por sua esposa, não menos abnegada e feliz que o grande líder espiritual e político da Índia; e, depois de serem pais de quatro filhos físicos, se tornaram pais de milhões de filhos metafísicos. Os bens materiais que Gandhi deixou após a morte foram três: uma caneta-tinteiro, um relógio barato e uma tanga. O "homem feliz" da fábula nem necessitava duma camisa para ser feliz, porquanto a necessidade dos bens externos decresce na razão direta do aumento do bem interno.

Quando Jesus morreu na cruz não possuía mais nada; até as suas últimas vestimentas já tinham sido distribuídas pelos soldados que o vigiavam. Restavam-lhe, é verdade, os dois tesouros vivos: sua mãe e seu discípulo predileto, João; mas até deles se desfez antes do derradeiro suspiro: "Senhora, eis aí teu filho! discípulo, eis aí tua mãe! Durante sua vida, como ele dizia, era mais pobre do que as raposas da terra e as aves do céu, não porque não pudesse ter bens externos, mas porque deles não necessitava, uma vez que possuía a plenitude do bem interno, a felicidade".

Na véspera da sua morte voluntária, disse ele aos seus discípulos: "Eu vos dou paz, eu vos deixo a minha paz, para que minha alegria esteja em vós, seja perfeita a vossa felicidade, e nunca ninguém tire de vós a vossa felicidade".

Assim fala um milionário de felicidade.

"Transbordo de júbilo no meio de todas as minhas tribulações!" exclama Paulo de Tarso, um dos maiores sofredores da humanidade e que conheceu poucos dias de saúde em sua vida.

Em última análise, quem nos redime da nossa infelicidade e nos induz no reino da felicidade imperturbável é o nosso Cristo interno, o espírito de Deus que habita em nós. O grande segredo está em despertar em nós o nosso Cristo e entregar-lhe as rédeas da nossa vida. O resto vem por si mesmo.

Mas isto não é virtude — isto é sabedoria, é o conhecimento da última e suprema verdade dentro de nós mesmos. O homem é senhor e soberano de tudo que sabe — mas é escravo de tudo que ignora. O saber espiritual nos liberta da infelicidade e nos dá felicidade — a ignorância espiritual nos escraviza e nos torna infelizes.

Realização do homem integral
Cosmoterapia*

Todos os grandes mestres da humanidade — sobretudo o Cristo — são unânimes em afirmar que o homem realiza a prosperidade da sua vida externa quando espiritualiza a sua vida interna. As conhecidas palavras do Nazareno "não andeis solícitos pelo que haveis de comer e de vestir — procurai em primeiro lugar o reino de Deus e a sua justiça, e todas as outras coisas vos serão dadas de acréscimo" — estas palavras são extremamente absurdas aos olhos de qualquer homem inexperiente; parecem expressão de um grande idealismo, e ao mesmo tempo da ausência total de um realismo prático.

E, aparentemente, os profanos têm razão em não aceitar esse idealismo espiritualista; pois não vemos todos os dias que essa focalização unilateral da consciência espiritual não realiza as coisas materiais das quais temos incessante necessidade? Não falemos agora das coisas de imediata e indispensável necessidade para a vida de cada dia. Se eu não sei donde tirar o feijão e o arroz, o pão e a carne, para mim e minha família; se eu não tenho recursos para pagar meu aluguel, o ônibus de cada dia, os impostos, a luz elétrica, o telefone e outras coisas inseparáveis da vida moderna, e se eu me puser a rezar, a rezar intensamente, se fizer uma ou mais horas de meditação espiritual — será que estas coisas indispensáveis caem do céu sobre a minha mesa?

---

* Este capítulo foi extraído do livro *Roteiro Cósmico*.

Todos nós sabemos que estas coisas indispensáveis não aparecem, e, se eu persistir em rezar e meditar, morrerei rezando, e todos os meus acabarão na miséria e na mendicidade.

Isto é tão certo como duas vezes dois são quatro, tão certo como é certo que o sol nasce cada dia no oriente e se põe no ocidente.

E, no entanto, continuam os grandes mestres da humanidade a afirmar categoricamente que é suficiente procurar as coisas espirituais, e que todas essas coisas materiais virão por si mesmas, sem serem procuradas.

Como explicar esse estranho paradoxo?

Será que todos esses mestres, o Cristo à frente, são uns pobres enganados? Ou são uns perversos enganadores? Ou são uma e outra coisa ao mesmo tempo?

Vamos devagar, passo a passo, a ver se conseguimos solver esse enigma.

Antes de tudo, é necessário que tenhamos absoluta certeza e clareza sobre uma verdade fundamental: que a Infinita Realidade está presente em todas as coisas Finitas; que os Finitos só existem como manifestações parciais da Realidade Infinita Total. Os seres vivos existem porque neles está presente a Vida; as existências Finitas são manifestações parciais da Essência Infinita.

Esta presença do Infinito em qualquer Finito é um fato objetivo — mas nem em todos os Finitos existe a consciência subjetiva desse fato.

A natureza infra-humana — embora esteja imersa no mar do infinito e esse infinito esteja presente em qualquer ser da natureza, o mundo mineral, vegetal e animal, — não tem consciência dessa presença do Infinito nele.

Aqui na terra, somente o homem pode ter consciência deste fato.

O homem pode ser consciente dessa presença — e pode também ser inconsciente (talvez melhor, semiconsciente) dessa presença.

Quem pode, deve.

E quem, podendo e devendo ser consciente, não é consciente, cria em si uma atitude de débito, de culpabilidade. E é isto que acontece no homem-ego, que, podendo e devendo ter consciência da presença do Infinito nele, não possui essa consciência; não sabe que o Infinito está nele, e se ele está no Infinito; o homem-ego não sabe que "de si mesmo (pelo ego) ele nada pode fazer; mas quem faz as obras é o Pai (o Eu) que nele está".

Essa inconsciência culpada do homem-ego cria nele um estado negativo, anti-realista, anticósmico. O homem-ego é um separatista, sentindo-se desligado da grande Fonte Cósmica, do Uno, e só tem consciência do (di) Verso.

Destarte, o homem-ego faz de si um canal sem fonte.

Será que um canal, ou encanamento, por si mesmo, pode produzir água?

Certamente, é possível tirar água da torneira de um encanamento, suposto que se tenha deixado água nele, com um balde ou regador; e sai justamente tanta água da torneira quanta foi deitada no encanamento, nem uma gota a mais.

É esse precisamente o estado do homem-ego. Ele tem de colher aquilo que semeou. Tira das coisas Finitas tanto quanto nelas deitou. Se deixar de deitar água no encanamento, não vai tirar água da torneira. Se deixar de tomar as devidas providências, não vai ter produtos, feijão, arroz, pão, carne ou dinheiro para comprar essas necessidades.

É assim que o homem-ego se move num eterno círculo vicioso, de produzir e colher.

E, quando lhe faltam as coisas necessárias, possivelmente se lembra de invocar poderes extramundanos para receber auxílio deles; o homem-ego, quando crente, reza, pede, tenta fazer negócio com a Divindade, para pôr água nos encanamentos da sua humana previdência; e, por vezes, consegue de poderes extramundanos inesperado auxílio, no plano das suas previdências humanas.

Mas todo o seu rezar e pedir não sai fora da zona dos canais; se há mais água na torneira, é porque os canais foram grandemente ampliados e alongados, talvez por muitos quilômetros, de maneira que a fluência das águas é notavelmente aumentada.

Mas... não há ligação com uma fonte perene, que independa dos encanamentos.

A solução não está no aumento dos canais do ego — a solução está unicamente no contato do canal com uma Fonte original.

Que é essa Fonte?

Essa Fonte é o Infinito.

Onde está esse Infinito?

Está presente em todos os Finitos — também no homem.

Mas, se a Fonte Infinita está presente no homem, por que não garante um fluxo contínuo através dos seus canais?

Porque, no homem consciente e livre, o fluxo da Fonte Infinita através dos canais finitos depende da consciência que o homem tenha dessa presença do Infinito no Finito.

Na natureza infra-humana, há um fluxo permanente, porque da natureza infra-humana não se exige consciência; o fluxo se realiza automaticamente pelo canal inconsciente do instinto, que é a inteligência automática da natureza.

No homem, porém, não há esse fluxo automático; tem de ser um fluxo espontâneo, consciente e livre.

Sendo, porém, que a índole do homem-ego é visceralmente separatista, negativista, o ego não liga o seu canal com a Fonte. E por isto, na vida do homem-ego há somente aquela medida dos bens da vida que ele mesmo produzir pela força do seu ego-consciente, que é muito limitado e precário.

Quando então o homem descobre que há uma Fonte perene para além de todos os seus canais intermitentes, que essa Fonte perene é inesgotável e flui dia e noite; então não há nenhuma necessidade que o homem deite água nos encanamentos das suas previdências humanas, porque descobriu a Fonte da Providência divina; descobriu a Fonte Absoluta para além de todos os seus canais relativos. E, uma vez ligado a Fonte perene do Infinito ao canal finito, pode o homem ter plena certeza de que nunca faltará água na torneira.

E, pela primeira vez, compreende o homem que o "reino de Deus e sua justiça" é a Fonte perene do Absoluto e Infinito, e que "todas as outras coisas", todas as necessidades da sua vida material, fluem espontaneamente dessa Fonte.

A partir daí, não precisa mais ganhar o seu pão "no suor do seu rosto", arrancando-o da natureza; muito menos tem necessidade de tirar dos outros homens os bens da vida; esse processo de transferência — seja da natureza, seja dos outros homens — se tornou inteiramente supérfluo.

O homem-Eu, que sucedeu ao homem-ego, a partir daí, vive para trabalhar, mas não trabalha para viver.

Mas, enquanto a semiconsciência do homem-ego não se transformar na pleni-consciência do homem-Eu, que traz em si a fonte das águas vivas, não haverá fluxo permanente de águas, isto é, dos bens da vida material. E, enquanto não se realizar esse processo interno, não adianta rezar, pedir, porque falta contato entre os canais e a Fonte.

Quando o homem vive conscientemente o fato da presença do Infinito no Finito — "o Pai está em mim... e eu estou no Pai" —

então a Fonte Infinita começa a fluir através dos seus canais finitos, mantendo-os sempre plenos de todos os bens da vida. E o homem pode viver tranqüilo, despreocupado em todos os planos da sua vida material, porque a Fonte Infinita garante o suprimento constante de todas as coisas finitas e necessárias.

A Fonte Infinita é o grande Simbolizado — os canais finitos são os pequenos símbolos. Uma vez estabelecido o contato consciente com a Fonte, todos os símbolos — dinheiro, emprego, saúde, bem-estar, boas relações sociais, etc. — aparecem por si mesmos, como corolários e conseqüências naturais do "reino de Deus".

Mas, é dificílimo ao homem profano inexperiente crer nessa matemática cósmica. Se lhe faltam as coisas necessárias — dinheiro, roupa, alimento, casa — será que o homem-ego pode produzir essas coisas?

Em caráter precário e transitório, essas coisas parecem ser produzidas pelo ego; mas não são duráveis, nem dão satisfação a seu possuidor.

O homem-ego, sendo essencialmente míope, não percebe que esse modo de arranjar as coisas necessárias não é um mergulho da Fonte Infinita; é apenas um prolongamento dos canais ego-fabricados. É "remendo novo em roupa velha". Esse arranjo do ego não é a cura do mal — é apenas uma repressão temporária de sintomas do mal — e isto é charlatanismo.

O ego é *produtivo*.

O Eu é *creativo*.

Produzir (ou *criar*) quer dizer passar de um finito a outro finito.

Crear (não *criar*) quer dizer passar do Infinito para o Finito.

Sendo que todas as coisas Finitas estão contidas no infinito, o homem-Eu, que descobriu o seu poder creador, tira da Fonte do Infinito todas as coisas finitas da vida.

Esse tirar-do-Infinito não dispensa necessariamente os elementos finitos já existentes, Jesus fez vinho de água, fez pão e peixe da luz cósmica. O Eu divino no homem possui esse poder creador, que pode ser um processo do Ser Universal para o Existir Individual, como também uma forma definitiva de uma coisa existente, um aperfeiçoamento de um existente em outro existente.

Todo o problema está em conseguir suficiente intensidade, ou densidade, de consciência para romper a barreira de tempo e espaço e remontar ao Infinito e Eterno.

Mas, como o Infinito e o Eterno estão no homem, são a

quintessência da sua natureza, o homem pode ter plena consciência desse Infinito e Eterno, suposto que avance até ao íntimo reduto da sua natureza humana.

Como realizar a Cosmoterapia*

Sendo que os males do homem vêm do seu ego-consciente ilusório, e todos os bens lhe advêm do verdadeiro cosmo-consciente, segue-se que o homem ego-consciente, para se libertar dos seus males, deve tornar-se cosmo-consciente, ou seja, cristo-consciente, teo-consciente.

Esta invasão cósmica, porém, só é possível se o ego a permitir, se o homem-ego se abrir ao influxo do espírito cósmico.

No meio das ruidosas facticidades de cada dia, que perfazem as 24 horas diárias do homem ocidental, não é possível essa invasão cósmica, essa cosmoterapia.

Por isso é indispensável que o homem modifique o seu programa diário, que inclua no seu diário repleto de ruídos profanos um período de silêncio sagrado.

Essa entrada no santuário do silêncio não é um escapismo — como muitas vezes acontece no Oriente — mas, é ou deve ser uma espécie de "retirada estratégica da vida", com o fim de dar conteúdo e grandeza à vida.

Quem nunca se retirou do ruidoso *sansara* da vida para o silencioso *nirvana* da solidão, não tem poder sobre a sua vida, vive ou vegeta uma vida vazia, uma deslumbrante vacuidade. 90% dos homens e das mulheres de hoje, dizem os médicos e psiquiatras,

---

* Este capítulo foi extraído do livro *Cosmoterapia*.

são neuróticos ou neurastênicos — por quê? Porque vivem na vacuidade dos seus ruídos e ignoram a plenitude do silêncio.

Somente uma retirada estratégica da vida confere à vida plenitude de poder, de alegria e felicidade.

Essa retirada não é um escapismo, uma fuga da vida, mas é uma retirada estratégica das vacuidades, rumo à plenitude, com o fim de carregar a bateria espiritual e depois utilizar essa energia acumulada para todos os setores da vida profissional.

O homem *profano* tenta curar as facticidades pelas facticidades, as coisas do ego pelo próprio ego — e não percebe que isto é um círculo vicioso, um processo ineficiente, tão ineficiente como o de quem tentasse mover uma turbina com as águas dum lago no mesmo nível. De nível para nível não há força, não há voltagem, porque não há desnível, distância, alteridade.

O homem *místico*, desiludido desse círculo vicioso do profano, desespera da cura na vida presente aqui na terra e se refugia a uma cura além-túmulo ou além terra; crê numa terapia no futuro e em outros mundos, mas descrê de uma terapia aqui e agora.

O homem *cósmico* ou univérsico, porém, é tão intensamente realista que sente em si o poder de curar as coisas da vida material pelo impacto da consciência espiritual; não é unilateralmente aquémnista, como o profano; nem é unilateralmente além-nista, como os místicos — o homem cósmico é unilateralmente universalista, univérsico.

O homem profano só se interessa pelo homem-corpo.

O homem místico só crê no homem-espírito.

Mas o corpo sem alma é cadáver — e a alma sem corpo é fantasma.

Homem-cadáver ou homem-fantasma não resolvem o problema.

O homem cósmico, porém, não quer saber de homem-cadáver nem de homem-fantasma — ele quer o homem-homem, o homem-real, o homem integral, o homem-corpo-e-alma.

Esse homem integral não é comum nem no Ocidente nem no Oriente. Será que existe mesmo? No meu livro *Cosmorama* tentei dar um retrato autêntico do homem integral, do homem cósmico.

Há quase 2.000 anos que vivia, aqui na terra, um homem cósmico, eqüidistante do Ocidente e do Oriente — tanto assim que viveu na linha divisória entre os dois hemisférios, na Palestina — porque a sua consciência era universal, síntese de tudo que há de bom no Ocidente e no Oriente. O grosso dos seus discípulos, porém, não compreendeu esse homem cósmico; uns caíram no materialismo ocidental, outros se volatizaram no espiritualismo oriental — poucos compreenderam o Realismo Universal do Mestre.

"Haverá um novo céu e uma nova terra... O reino de Deus será proclamado sobre a face da terra"...

Estas palavras proféticas do Apocalipse foram realizadas pelo homem cósmico, que a si mesmo se chamava sempre "o filho do Homem".

Se a humanidade tivesse aceitado a mensagem desse homem integral, não haveria lugar para a cosmoterapia, porque nenhuma terapia tem cabimento no homem cósmico, uma vez que nele não há males nem maldades. Mas, como o grosso da humanidade não aceitou a mensagem cristo-cósmica desse homem, é necessário traçar diretrizes para uma cosmoterapia ou cristoterapia.

A alma desta terapia só pode ser conscientizada em período de profundo silêncio e solidão. Enquanto o homem não tomar a sério o sentido desse silêncio e dessa solidão não haverá cosmoterapia. Todos os grandes iluminados e iniciados, de todos os tempos e países, viveram dias, semanas, meses, e alguns até anos, em profundo e dinâmico silêncio, permitindo que a plenitude cristo-cósmica fluísse para dentro da sua ego-vacuidade.

Enquanto o nosso pequeno ego pensa, fala e ouve falar, consegue ele sobreviver — mas, quando deixa de pensar, de falar e de ouvir falar, começa a agonizar e, se persistir no silêncio, acabará por se afogar nesse Oceano Pacífico do silêncio redentor. E então, após esse egocídio, pode nascer o Eu crístico, e esse homem pode dizer: "Eu morri, e é por isso que eu vivo, mas já não sou eu (ego) que vivo, o Cristo (Eu) é que vive em mim. Eu não sou mais ego-vivente — eu sou Cristo-vivido"...

O ego vive no barulho e do barulho — e morre no silêncio.

O Eu, sendo Deus no homem, vive no silêncio como a Divindade. Mas esse silêncio é mil vezes mais fecundo que todos os ruídos. Não é um silêncio-vacuidade, é um silêncio-plenitude. Não é um silêncio de ausência, é um silêncio de presença — é a mais poderosa presença, a onipresença cósmica da Infinita Realidade.

Somente esta poderosa presença da Realidade é que pode realizar o homem. Nunca nenhum homem se realizou a não ser nas profundezas do Silêncio-Realidade.

Até há pouco, não tínhamos, aqui no Ocidente, lugares apropriados onde o homem pudesse viver despreocupado em longos períodos de silêncio e solidão. Ultimamente, porém, o movimento mundial, que no Brasil tomou o nome de "Alvorada", (Centro de Auto-Realização), construiu ou está construindo alguns lugares apropriados onde almas desejosas do seu encontro com Deus encontrarão ambiente propício para a realização desse anseio.

Os nossos centros e santuários de sintonização cósmica não têm caráter residencial, como no Oriente; servem para retiros temporários, tanto coletivos como individuais. São centros de renovação espiritual, onde o homem poderá carregar a sua bateria e com essas energias acumuladas beneficiar a sua vida e a vida dos outros.

⌑

Terceira Parte

Ciência, milagre e oração são compatíveis?*

---

* Este pequeno texto constitui um opúsculo do mesmo nome, de autoria de Huberto Rohden, que se encontra esgotado. Atendendo a pedido de leitores, o incluímos neste livro.

O milagre é contra as Leis da Natureza?

—O senhor acredita em milagres?
— Por que não?
— Mas o milagre é uma exceção das leis da natureza, e a ciência provou que isto é impossível; as leis naturais são constantes e imutáveis.
— Perfeitamente, as leis naturais são constantes e imutáveis, concordo plenamente; mas nego redondamente que milagre seja uma exceção dessas leis; afirmo que o milagre é a mais brilhante confirmação das leis da natureza.
— Não compreendo essa sua filosofia...
— Não compreende, como? O Reverendo é "mestre em Israel", e ignora estas coisas? Cada domingo, do alto do púlpito, o sr. fala a seu rebanho sobre a vida de Jesus, e acha que o milagre é incompatível com as leis da natureza? Ou o milagre não é de Deus — ou a natureza não é Deus! Não é admissível que haja contradição nas obras de Deus...
— O que eu digo a meu rebanho são as grandes verdades éticas contidas no Evangelho de Jesus Cristo; mas... quanto aos milagres dele... confesso que me são antipáticos e evito falar neles...
— Fantástico! Pelo que vejo, o Reverendo é ótimo discípulo de David Strauss, do Dr. Paulus, de Ernesto Renan, ou de algum outro erudito analfabeto do espírito que desejaria ver os Evangelhos "expurgados" dessa pedra de tropeço que são os milagres do Nazareno.
— Tem razão. Eu preferia um Evangelho sem milagres, porque seria um Evangelho mais científico. Se conseguíssemos expurgar o

Evangelho desses numerosos milagres de que está eivado, teríamos o mais grandioso documento da ética que já apareceu sobre a face da terra.

— Maravilhoso! Mas não teríamos o Cristianismo...

— Como não? Não está o Cristianismo baseado sobre os Evangelhos?

— De forma alguma! O Evangelho não é a base do Cristianismo! Quer dizer, o Evangelho como sistema doutrinário de idéias, sem os milagres do Cristo, como o Reverendo o desejaria.

— Se não é o Evangelho, o que é então a base do Cristianismo?

— O Cristo, e nada mais. O Cristianismo não é outra coisa senão o próprio Cristo histórico, presente através dos séculos, ele mesmo, o eterno *Lógos*, que se fez carne e habita entre nós, e está conosco todos os dias até a consumação dos séculos — isto é o Cristianismo a 100%! "Cristo, o mesmo, ontem, hoje e para todo o sempre". Mas esse Cristo real é absolutamente inconcebível sem o milagre, porque o milagre o revela como soberano de todas as forças da natureza, como "Filho do homem", como "o Filho Unigênito do Pai". O Cristianismo não é um sistema de doutrinas éticas, o Cristianismo é um fato objetivo, uma grandiosa realidade histórica, permanente, é a mais estupenda invasão do mundo divino no mundo humano. Idéias e doutrinas não dão forças — toda a força vem da realidade. O Cristianismo não é uma idéia ética ou poética; o Cristianismo é a maior das realidades. Nunca ninguém viu jubilosamente nem morreu heroicamente por uma idéia — mas por uma realidade, milhares e milhões têm vivido e morrido, em todos os tempos e países...

Se Sócrates, Platão, Buda ou outro gênio espiritual da humanidade tivessem escrito no Evangelho, tal qual o possuímos, com todas as suas doutrinas éticas, não teríamos o Cristianismo. Mas, se o Cristo tivesse aparecido como apareceu e não tivéssemos o Evangelho, ainda assim teríamos o Cristianismo em toda a sua pureza, força e plenitude; porque o Cristianismo é o Cristo permanentemente presente no mundo. Ora, o Cristo real não é concebível sem o milagre.

— Por que não?

— Porque pelo milagre provou ele que é superior a todas as leis da natureza e que delas se pode servir a bel-prazer, espontaneamente, sem a menor violência contra essas leis. O homem meramente sensitivo é escravo das leis da natureza. O homem intelectual é escravocrata da natureza, tratando-a como um tirano trata a seu escravo. Mas o homem espiritual, racional, cósmico, o homem integral, o Cristo ou o homem cristificado, não é nem escravo nem escravocrata da natureza — é amigo e aliado da mesma, e por isto coopera pacificamente com a natureza, como amigo e aliado — e isto é ser taumaturgo. O taumaturgo por força intrínseca prova que chegou o fim da sua jornada, deixando de ser tanto escravo como escravocrata da natureza. O Cristo provou a sua plena maturidade humana e adultez espiritual pelo fato de cooperar pacífica e espontaneamente com todas as leis da natureza. Nunca falhou. O homem que domina a natureza apenas mentalmente possui um domínio parcial, precário, incerto, porque violento, compulsório, e é por isso que muitas vezes falha na sua mágica milagreira — mas o homem espiritual não pode falhar, porque o seu domínio é absoluto e espontâneo.

Toda a confusão que reina nesse setor vem do costume de identificarmos a natureza com aquele pequenino fragmento da natureza por nós conhecido. Quando então uma força da parte desconhecida da natureza invade subitamente a parte conhecida da mesma, temos a impressão de ter acontecido algo fora ou até contra as leis da natureza. Permita-me uma comparação ilustrativa:

Uma criança de escola primária lê sofrivelmente o seu primeiro livro de *abc* e chama aquilo de "literatura da humanidade". Para essa criança, os dramas de Shakespeare, a *Divina Comédia* de Dante, o *Fausto* de Goethe, o *Paraíso Perdido* de Milton, os *Lusíadas* de Camões, etc. não fazem parte da literatura mundial, porque não estão contidos no livro de *abc* que a criança apelida de literatura da humanidade.

Outro símile: um menino de seis ou sete anos aprendeu a tabuada, que representa para ele "a matemática como tal". Qualquer dia, cai-lhe nas mãos uma obra de matemática avançada, digamos *Relatividade* ou a *Teoria do Campo Unificado*, de Einstein, ou alguma obra de Copérnico, Keppler, Galileu e Newton, que representam altos planos da ciência dos números — mas, para o nosso cachopinho de calças curtas, tudo aquilo está fora do reino da matemática.

É assim que identificam a natureza com a fraçãozinha que dela conhecem e constroem a sua filosofia sobre esse pequeno fragmento.

Os milagres de Jesus e dos seus discípulos, de todos os tempos e países, ultrapassaram grandemente as fronteiras do *abc* e da tabuada da nossa ciência material, que certa gente convencionou chamar "a natureza", mas não ultrapassam as fronteiras da Natureza Absoluta, isto é, da Realidade Universal, porque essa Natureza ou Realidade é o próprio Deus, o Infinito, o Absoluto, o Todo, a Alma e Essência do Universo, para além de que nada existe, porque o Todo abrange tudo o que é real: Deus não está fora do mundo, não está sentado por detrás do universo, assim como um motorista está sentado atrás do motor que dirige. Deus está dentro da natureza, dentro de cada átomo e de cada astro, dentro de cada pirilampo e de cada relâmpago, dentro de cada pedra, planta, inseto, ave, peixe, animal, homem e anjo, assim como a Vida está dentro de cada ser vivo. A transcendência de Deus não exclui a sua imanência, e a imanência não contradiz a transcendência. Os dualistas, como são quase todos os teólogos ocidentais, admitem a transcendência de Deus, mas negam, ou pelo menos ignoram, a sua imanência. Os panteístas orientais admitem a imanência de Deus em todas as coisas, mas negam ou ignoram muitas vezes a sua transcendência, identificando Deus com todas as coisas. O verdadeiro monoteísmo, porém — que é o Cristianismo genuíno e integral —, sabe que Deus é ao mesmo tempo transcendente ao universo e imanente em cada fenômeno do mundo.

— Que, pois, acontece quando alguém realiza um milagre?

Acontece o seguinte: o taumaturgo aplica uma lei natural que está para além das fronteiras do mundo material, digamos da física e da química de laboratório, mas não está fora da Natureza absoluta e total, por que fora dela nada está.

— Que é que existe para além das forças materiais da natureza?

— Existem as forças *mentais* e as forças *espirituais* (estas últimas chamam, em boa filosofia, *racionais*, uma vez que Deus mesmo é a Razão, o eterno *Lógos*, pelo qual foram feitas todas as coisas). Mas tanto o material como o mental e o espiritual (ou racional) fazem parte da natureza.

Permita-me mais uma ilustração tirada do reino da nossa ciência material:

Alguém nunca viu água senão em estado sólido de gelo, água congelada. Que conceito formaria ele da água? Evidentemente, para esse homem, água é uma massa sólida. Algum dia, ele vê água em estado líquido, e nega que isto seja água natural. Para ele, essa água líquida está fora das leis da natureza da água porque a solidez é, para esse homem, atributo necessário da água.

Imagine-se o espanto desse homem se, algum dia, visse água em estado de vapor suspenso no ar! Será que ele aceitaria como água também essa substância vaporosa? Não seria isto contra as leis da natureza, contra a lei da gravitação, andar a água assim suspensa no vácuo?

E se alguém passasse uma corrente elétrica por um litro de água comum, e a água se transformasse paulatinamente em dois gases invisíveis, H (hidrogênio) e O (oxigênio), e se o cientista dissesse a esse homem ignorante que essa água em forma de H e de O é altamente inflamável, será que nosso ingênuo conhecedor de água sólida aceitaria a combinação de H e O como água real e autêntica? Não diria ele: a água apaga o fogo, e você quer fazer-me crer que a água alimenta o fogo? Que seja um composto de dois elementos combustíveis e até altamente inflamável? Não, não admito semelhante coisa como científica e natural!...

E se esse ingênuo conhecedor de água congelada soubesse que o próprio hidrogênio e oxigênio podem ser desintegrados por um ciclotron ao ponto de resultar uma energia ainda mil vezes mais sutil e poderosa do que todos os estados anteriores dessa água?

Gelo, água, vapor, gás, energia nuclear — a mesma substância em cinco estados diversos, e tanto mais poderosos quanto menos materiais, dotados de propriedades e modos de agir diametralmente opostos — será que isto é ciência natural?

Talvez que não seja ciência lá nos planos ínfimos do *abc*, mas é ciência cá nos planos superiores da universidade do espírito.

Do mesmo modo, o milagre é anticientífico para os analfabetos ou semi-alfabetizados do grande Livro da Natureza, mas para os universitários da razão e do espírito é o milagre a mais brilhante confirmação das leis da natureza, porque revela essa natureza como infinitamente ampliada.

Que é que podemos fazer com um litro de água? Aplicado a uma rodinha giratória, dessas que as crianças fazem para brincar, pode um litro d'água imprimir a essa rodinha duas ou três voltas ao redor do eixo, e nada mais; expirou a força motriz dum litro d'água.

Com a mesma quantidade de água, evaporada e aplicada aos pistões de uma locomotiva, posso mover essa máquina a certa distância.

Se transformar esse litro d'água em H e O, posso fazer explodir até um grande rochedo.

Ainda com o mesmo litro d'água, desintegrada em prótons e

eléctrons pelo bombardeio atômico com nêutrons, posso obter a energia suficiente para mover um avião quadrimotor ao redor do globo, e ainda sobrará água na volta.

Ora, assim como antigamente o homem só sabia utilizar as forças periféricas da água, e agora lança mão da energia central da mesma, sem ultrapassar nem contradizer as leis da natureza, da mesma forma se serve o taumaturgo, mental ou espiritual, de forças naturais desconhecidas e inatingidas pelo homem comum, conhecedor apenas de forças materiais.

O que o Cristo fez, todo o homem cristificado o pode fazer, como afirmou explicitamente o taumaturgo da Galiléia: "As mesmas obras que eu faço vós as fareis, e as fareis maiores". "Nada é impossível àquele que tem fé".

Trata-se simplesmente de libertar dentro de nós forças profundas e poderosas que, até hoje, no homem comum, não foram libertadas. E, para libertar essas forças irresistíveis, deve o homem, antes de tudo, crer na existência real das mesmas, e, depois, viver a perfeita harmonia com sua fé. A fé e a vivência, a fé vivida intensamente, despertarão e libertarão as forças profundas que dormem, reais porém incógnitas, na alma de todo o homem.

Pode a oração modificar as Leis da Natureza?

Muitos pensam que sim. Outros duvidam ou negam. Estes últimos, naturalmente, não oram e declaram com ares de sabidos: Não adianta orar, pois as leis da natureza são imutáveis; o que deve acontecer acontecerá infalivelmente... A oração é filha da ignorância e da superstição...

Exemplifiquemos. Aqui está um doente desenganado pela medicina humana. Os melhores médicos são unânimes em afirmar que ele vai morrer em breve, de um colapso cardíaco, de tuberculose, de câncer, ou outra moléstia fatal.

Entretanto, na manhã seguinte, esse homem condenado à morte pela ciência humana se levanta de perfeita saúde e continua a viver por anos e decênios. Nem vestígio de lesão cardíaca, tuberculose, câncer, ou outra moléstia.

Casos desses, como todos sabem, não são fictícios. São e têm sido reais através de todos os séculos.

Que foi que aconteceu?

A ciência encolhe os ombros, perplexa, ignorante, tecendo mil hipóteses em torno do caso, sem acertar com a verdadeira explicação.

Os homens religiosos falam em milagre, quer dizer, no entender deles, houve uma intervenção divina, sobrenatural, para além das forças da natureza.

Entretanto, nem estes nem aqueles têm razão. Nem as forças materiais da ciência, nem as forças sobrenaturais curaram esse organismo. Ele foi curado em virtude de forças inteiramente naturais, mas que ultrapassam o âmbito da matéria; porquanto a natureza não é toda material; ela é material no seu plano ínfimo, mental no seu plano médio, e espiritual no seu plano superior — tudo isto, porém, é natural, perfeitamente natural. O recurso a uma ordem sobrenatural não passa de um refúgio da nossa ignorância. O que chamamos sobrenatural é apenas aquela zona do natural que fica para além da zona por nós atingida. Um milhão de anos antes da nossa era, teria sido sobrenatural quase tudo o que hoje em dia é natural para a nossa ciência e técnica, como aviões, submarinos, rádio, radar, televisão, etc. Quanto mais o homem se mentaliza e espiritualiza, mais se naturaliza, o que equivale a dizer que se dessobrenaturaliza cada vez mais. Para o homem plenamente espiritual, tudo é natural, nada é sobrenatural. Para Jesus, todos o milagres eram naturais.

Que aconteceu, pois, com o nosso doente gravemente enfermo e desenganado pela medicina material?

Aconteceu um milagre*, mas dentro das leis da natureza. Algum homem — talvez o próprio doente — orou. "E a oração de fé salvou o doente", como escrevia, quase vinte séculos atrás, um dos iniciados nos mistérios do mundo espiritual, o apóstolo Tiago, que vira os milagres de Jesus.

Mas, como pode a oração, essa coisa invisível e imaterial, produzir um efeito material, e talvez instantâneo? Pode uma causa vaga e incerta, como a oração da fé, produzir um efeito certo e concreto, como o de restaurar em pouco tempo milhões e bilhões de células orgânicas destruídas pela moléstia? Não está isto em flagrante contradição com as leis da natureza, que são férreas e imutáveis?

Meu ingênuo materialista! Saia do seu livro de *abc*! Ultrapasse a sua tabuada! Matricule-se na universidade da natureza! Se a natureza fosse aquele soldadinho de chumbo ou aquela bonequinha de celulóide com que os cientistas de jardim de infância se divertem e que pomposamente apelidam de "natureza", é claro que não

---

* A própria palavra "milagre" define bem o que é. A palavra latina *miraculum*, de que formamos "milagre", significa algo de que o homem se "admira". Ora, o homem só se admira de algo que ignora. Coisas conhecidas não são objetos de admiração ou espanto. Quando um fenômeno de causa desconhecida acontece, o homem fica admirado, estupefato. Se lhe conhecesse a causa, não se admiraria, não haveria *miraculum*, milagre.

haveria nenhuma explicação natural para uma cura como esta. Se a oração da fé operasse apenas com elementos vagos e incertos, fracos, quase irreais, não se explicaria um efeito tão grande e palpável como a cura de uma moléstia materialmente incurável, porquanto a boa lógica nos proíbe de admitirmos um efeito maior que sua causa. Ora, se aqui temos um efeito estupendamente grande, não é lógico concluir que a causa deve ser pelo menos tão grande e poderosa como o efeito? A invisibilidade da causa em nada afeta a sua realidade e força, a não ser que algum ignorante erudito identifique *visibilidade* com *realidade*. A própria ciência dos nossos dias nos proíbe terminantemente de fazermos essa infeliz identificação; todo cidadão da Era Atômica sabe que visibilidade e realidade estão na razão inversa, quer dizer que tanto mais real é uma coisa quanto menos visível, tanto menos real quanto mais visível. A matéria é fartamente visível, mas é pouco real, e por isto mesmo fraca; a energia é menos visível, e por isto mais real e mais poderosa; a energia nuclear é em si totalmente imperceptível, e todos sabemos quão real e poderosa ela é. A mais imperceptível de todas as coisas reais, no plano físico, é a luz, a luz cósmica, absoluta, e é precisamente a luz que, segundo Einstein, é a realíssima realidade, a base e origem de todas as demais energias e matérias do Universo.

As forças mentais e espirituais são, por sua natureza, invisíveis; são energias, e não matérias. A força espiritual tem íntima afinidade com a luz, a maior das forças que a ciência conhece. Se essa força material for aplicada a um objeto material, como um organismo doente, quem não vê o tremendo impacto que ela poderá exercer sobre o mesmo? Todo o segredo está em como aplicar essa força imaterial, a oração da fé, ao corpo material. Entretanto, há numerosos casos em que essa aplicação se verificou, com os resultados chamados milagres.

Que faz então o homem que ora com fé?

Aplica à parte material do mundo, ou do corpo, uma força espiritual; aplica o mais forte ao menos forte, e este, naturalmente, cederá àquele. Assenta a alavanca num ponto de apoio situado para além das fronteiras da matéria, executa um movimento — e desloca do seu lugar o peso enorme da moléstia física, peso que nenhum médico poderia deslocar, porque não tinha ponto de apoio fora da matéria onde assentar a alavanca. O essencial é encontrar esse ponto de apoio fora da matéria. Contam que o velho matemático grego, Arquimedes, exclamou um dia: "Dai-me um ponto de apoio fora do mundo — e deslocarei o Universo do seu eixo!" Referia-se ele à conhecida lei da alavanca. Todo mecânico sabe que, por exemplo, com a alavanca de um metro aplicada de modo que, digamos, 90 centímetros fiquem do lado do movente e apenas 10 do lado do peso a ser movido, a força de suspensão é multiplicada automaticamente pelo quadrado da diferença que há entre as duas partes da alavanca, relativamente ao ponto de apoio. E se o mecânico construiu um sistema de alavancas concatenadas, de maneira que a parte menor de uma alavanca pegue cada vez na parte maior da outra, pode ele multiplicar indefinidamente a força da alavanca, podendo até mover com um só dedo o Pão de Açúcar, o Corcovado ou outro peso qualquer — suposto, naturalmente, que suas alavancas tenham um ponto de apoio fora do plano do peso a ser movido.

Ora, o que o homem que ora com fé faz não é outra coisa senão assentar a alavanca num fulcro situado fora do movediço areal das coisas materiais, em permanente fluxo e refluxo. Se consegue esse ponto de apoio imóvel, suspenderá e deslocará da sua base o grande peso do mal que o aflige.

Mas todo o mistério está em descobrir de fato esse ponto de apoio. Só um homem que nas regiões imateriais da natureza se sinta perfeitamente "em casa" é que poderá com infalível acerto aplicar a sua alavanca. É o que acontecia com aquele profeta de Nazaré. Não consta que tenha falhado uma só vez em suas curas milagrosas. Acertou 100%, porque esse invisível mundo espiritual era para ele tão real como o mundo visível da matéria, e as leis que governam o mundo invisível eram para Jesus matematicamente certas e meridianamente claras. Com efeito, as leis do mundo espiritual agem com a mesma precisão matemática como as leis da física, da química, da eletricidade, da eletrônica, da atômica, ou de outro departamento qualquer do plano material.

É para muita estranheza que os homens pensantes não se interessem seriamente por descobrir a matemática e geometria do mundo espiritual, quando o conhecimento e a aplicação dessas leis derrotariam os piores inimigos tradicionais da humanidade. Jesus nunca esteve doente, porque conhecia essas leis e vivia em perfeita harmonia com elas. Permitiu, durante algum tempo, que forças adversas vindas de fora deste o pudessem ferir — mais tarde também se tornou invulnerável neste setor — mas nunca nasceu dentro do seu próprio corpo uma força negativa que o fizesse sofrer.

A saúde é natural, a moléstia é desnatural. Ninguém procura

explicar o que é natural, todos querem explicar o que é desnatural. Por que é que sofro isto ou aquilo? O primeiro pensamento é o de um castigo infligido por algum ser invisível, algum Deus vingador. Castigo por quê? Por mal cometido, algum pecado. Mas, se eu não tenho consciência de pecado algum, como dizia Jó: O meu pecado deve ter sido cometido, então, numa existência anterior cuja memória não persiste na minha encarnação atual. Mas, o que mais importa não é saber *por que sofro*, mas sim *para quê*. A causa do meu sofrimento é misteriosa, mas a *finalidade* do meu sofrimento é clara. Sofro para evoluir, ou para me libertar de alguma impureza. Se criei a causa, posso também aboli-la.

Se o homem, quer desta quer daquela filosofia, conseguisse ascender a regiões superiores, ultrapassando a zona da matéria e invadindo os domínios do espírito, desapareceria todo o problema e toda a problemática do sofrimento — porque desapareceria o próprio sofrimento compulsório.

Assim como a *pecabilidade* gerou a *passibilidade*, do mesmo modo a *impecabilidade* produz necessariamente a *impassibilidade*. O erro na zona espiritual se chama *pecado*, o erro na zona material se chama *sofrimento*. Sendo aquele a causa deste, é lógico que o efeito (sofrimento, passibilidade) não pode ser definitivamente abolido sem a abolição da causa (pecado, pecabilidade). Apenas em caráter transitório, intermitente, esporádico, é o sofrimento abolido no plano do pecado; mas, para a abolição permanente, radical e definitiva do sofrimento, requer-se a destruição radical e permanente do pecado e da própria pecabilidade.

Com o despontar da inteligência começou o mundo a pecabilidade, que, não raro, acaba em pecado. "Espinhos e abrolhos", "trabalhos no suor do seu rosto", "parto por entre dores" são as conseqüências da intelectualização do homem e da mulher, porque a zona do intelecto é a zona da pecabilidade. Onde não há intelecto não há o "conhecimento do bem e do mal", não há oscilação entre a luz e as trevas, entre o positivo e o negativo. Quando o homem comeu "do fruto da árvore do conhecimento", quando o homem sensitivo do Éden se tornou o homem intelectivo da serpente, entrou ele na zona da pecabilidade, e pecabilidade quer dizer passibilidade compulsória.

Para se libertar do sofrimento é necessário que o homem se liberte da pecabilidade e do pecado. De que modo? Perdendo a inteligência, essa gloriosa conquista da humanidade post-edênica?

Não pela perda desse dom divino, mas pela integração da inteligência na razão, isto é, no espírito.

Quando o homem, egresso do Éden e ingresso no domínio da serpente, gemia oprimido de dores e sofrimentos, percebeu ele, nas íntimas profundezas da sua natureza, uma voz que lhe dizia: "De dentro de tua própria estirpe nascerá alguém que esmagará a cabeça da serpente".

É esta a primeira voz longínqua da redenção do homem. São estes os primeiros albores do dia que há de nascer após as trevas e penumbras da humanidade pecadora e sofredora de hoje.

Que poder é esse que nascerá das profundezas da própria natureza humana e sujeitará a seu domínio a própria inteligência?

É o poder da Razão, do Espírito divino latente no homem. Um dia, esse espírito acordará — e já acordou plenamente, pelo menos num representante da humanidade, no "filho do homem", no homem por excelência.

Que é que fará acordar no homem pecador e sofredor de hoje esse espírito divino, a Razão, o eterno *Lógos*, seu verdadeiro Eu divino?

A oração, a freqüente e intensa submersão no oceano da divindade, a comunhão com Deus, o permanente "andar na presença de Deus".

Que é orar?
Um ato ou uma atitude?

"É necessário orar sempre, e nunca deixar de orar".
Estas palavras de Jesus são para o homem profano o maior dos enigmas — ou então o maior dos absurdos. Como posso orar sempre, se tenho de trabalhar? Se cumprisse essa ordem de Jesus deveria desistir de todos os meus trabalhos profissionais, descuidar-me da família, dos deveres sociais, da ciência, da arte e de tudo que faz da vida humana uma existência possível e digna. O cristianismo, como se vê, não é compatível com uma vida normalmente humana.

Assim dizem e pensam os analfabetos do mundo espiritual.
Por quê?
Porque ignoram completamente o que seja "orar".

"Orar" é, para o homem comum, proferir certas fórmulas, em certos tempos, em certos lugares, sobretudo aos domingos, numa determinada igreja.

"Orar", no sentido de Jesus e de todos os gênios espirituais, não é um ato, mas sim uma atitude, embora essa atitude interna, permanente, se manifeste, de vez em quando, em atos externos, transitórios. A íntima essência da oração, porém, é uma atitude, isto é, um modo de ser, uma espécie de vida, a saúde, a alegria, o amor, que são estados ou atitudes do ser humano, e não apenas atos externos.

É necessário, diz o Mestre, que o homem crie dentro de si essa atmosfera permanente de oração e viva nesse ambiente, como quem vive em plena luz solar. A luz solar não impede ninguém de trabalhar; pelo contrário, favorece o trabalho, dá saúde, bem-estar, alegria, felicidade, e mata os miasmas que poderiam destruir a saúde. A oração permanente de que Jesus fala é, pois, uma espécie de constante luminosidade interior, ou uma consciência espiritual que envolve e penetra todos os nossos trabalhos diários, cingindo tudo de um como que invisível halo, duma auréola de beleza, leveza e poesia.

Embora a oração seja essencialmente uma atitude permanente, contudo ela não pode prescindir de atos individuais, assídua e intensamente repetidos. A atitude é uma espécie de estratificação subterrânea que se formou dos resíduos inconscientes de numerosos atos conscientes que, por assim dizer, desceram da superfície do Ego para as profundezas do Eu, e ali se depositaram até formar essa vasta camada do hábito permanente, que chamamos atitude.

Uma vez que essa camada subconsciente — ou, melhor, superconsciência — adquiriu suficiente volume, dela irradiam invisíveis energias rumo à superfície do Ego consciente, que, a partir daí, age, mesmo sem o saber, em virtude dessa zona superconsciente do seu ser. Daí a grande necessidade da formação de atitudes ou hábitos positivos, bons, e o perigo da criação de hábitos negativos, maus.

A fim de formar essa atitude permanente, deve o homem ter uma hora certa, cada dia, para se abismar completamente no mundo espiritual. Essa hora de oração, meditação ou comunhão com Deus é absolutamente indispensável para a saúde e a vida da alma. Durante a meditação deve o nosso Eu espiritual estar, fixa e intensamente, focalizado em Deus e no mundo divino, sem divagar pelo mundo dos sentimentos ou dos pensamentos. É o que Jesus chama "retirar-se para o seu cubículo, fechar a porta atrás de si e orar a sós com Deus". Nessa hora espiritual, a alma se torna como que uma aguda lâmina, uma chama de intensíssima vibração, sem irrequietos bruxuleios, que seriam sinal de baixa freqüência ou pouca intensidade. Para facilitar essa focalização imóvel, muitas pessoas servem-se de palavras como estas, internamente proferidas: "Eu e o Pai somos um", "O Pai está em mim e eu estou no Pai", "O Cristo vive em mim", "Eu sou a luz do mundo", etc.

Quanto mais diuturna e intensa for essa focalização da consciência espiritual, tanto maior a abundância de luz e força que a alma recebe, porquanto a medida do recebimento depende do grau de receptividade, e essa prática eleva e intensifica grandemente a receptividade da alma.

Terminada a meditação, ou oração meditada, volta o homem a

seus afazeres cotidianos, mas sem perder o contato interno com o mundo espiritual, que passará a espiritualizar o seu mundo material, não só sem prejuízo, mas até com real vantagem desse mesmo mundo material.

Saúde quer dizer integração do indivíduo no Todo.

Doença é integração deficiente do indivíduo no Todo.

Morte é falta total de integração, ou seja, separação mortífera.

No plano material, essa integração do indivíduo no Todo maior é feita constantemente de dois modos: pela *alimentação* e pela *respiração*. Cerca de três vezes por dia, de oito em oito horas, o organismo humano normal se põe em contato mais direto com o Todo, o Universo, o Mundo circunjacente, mediante a ingestão e assimilação de novas energias armazenadas nos alimentos que toma, energias essas que a ciência denomina significativamente "calorias". Caloria vem de calor. De fato, todas as energias que recebemos pela alimentação provêm da luz solar. Toda comida é filha do sol.

Cerca de 15 vezes por minuto, em estado de repouso normal, recebe o nosso organismo, além disto, energias cósmicas por meio da respiração, o que perfaz cerca de 900 in- e ex-alações por hora, ou 21.600 por dia. O oxigênio inalado é o vínculo que põe o organismo individual em contato direto com o vasto oceano das energias do Universo, contato renovado umas 21.600 vezes por dia, mesmo durante o sono.

Sem esse permanente e sempre renovado contato entre o corpo individual e as energias do Universo não há vida nem saúde.

Ora, essa mesma lei do mundo material vigora também no mundo espiritual: vida e saúde são permanente contato entre o ser individual e o Ser Universal. O que, no plano material orgânico, é feito por meio da assimilação e respiração, isto é feito, no plano espiritual, por meio da oração ou permanente comunhão com Deus. Sem esse contato não há vida e saúde espiritual. Onde cessa a assimilação ou respiração, sucumbe o indivíduo por inanição ou asfixia — e onde cessa a oração, que é a assimilação e respiração da alma, adoece e desfalece a alma por falta de elementos vitais.

Conhecedor dessa verdade, disse Jesus: "É necessário orar sempre, e nunca deixar de orar". A oração é as calorias e o oxigênio do espírito.

Que idéia formaríamos de um homem que dissesse: "Não posso respirar sempre porque tenho de trabalhar"? Ora, não menos absurda é a atitude de um homem que julga não poder orar sempre porque tem de exercer esta ou aquela profissão.

Existe uma relação íntima entre corpo e alma, entre a parte material e espiritual do homem. E muitas vezes, se não sempre, uma parte age sobre a outra, a saúde ou doença de uma afeta o bem-estar ou mal-estar da outra parte. "Vai-te" e não tornes a pecar, para que não te suceda coisa pior.

"Tem confiança, meu filho, os teus pecados te são perdoados — levanta-te e anda!" — É com estas palavras que Jesus afirma a estreita relação entre a moléstia material e moléstia moral desses homens.

Entretanto, raras vezes chega a saúde espiritual a atingir suficiente perfeição para que possa, sem auxílio externo, realizar a saúde material.

No Evangelho, aquele centurião de Cafarnaum que, segundo Jesus, tinha uma fé maior do que outro qualquer em Israel, não curou o seu servo doente; mas, em contato com o poderoso foco espiritual de Jesus, essa fé foi grandemente potencializada — e deu-se a cura do doente. Coisa análoga aconteceu com a mulher Cananéia, cuja fé no dizer de Jesus era grande, mas só com o contato com a espiritualidade superior do nazareno é que conseguiu curar a filha atormentada por um mau espírito. Mesmo aquele outro homem que, num só fôlego, se confessa crente e descrente — "creio, Senhor, ajuda a minha incredulidade" — obtém a cura de um doente, porque o baixo potencial da sua fé potencializado pelo contato com a elevada espiritualidade do Mestre.

Um ímã de alta potência, atuando sobre outro de baixa potência, potencializa este e capacita-o de realizar o que ele, isoladamente, não poderia prestar.

Uma bateria de alta voltagem, posta em contato — ou mesmo sem contato, por simples indução indireta — com outra bateria de voltagem inferior, eleva a voltagem desta e lhe confere um poder acima do que ela possuía por si mesma. Nunca uma bateria mais forte perde energia pelo contato com uma bateria menos forte, mas sempre o *mais* domina o *menos*, o *positivo* eleva o *negativo*, a *plenitude* dá do seu à *vacuidade*, "A luz brilha nas trevas, e as trevas não a extinguiram"...

Em resumo: o poder da oração não está no orante, mas sim no mundo espiritual com o qual o orante se põe em contato mediante a oração da fé. O orante não é fonte, senão apenas canal ou veículo entre o mundo material e o mundo espiritual. Se esse canal é limpo, idôneo, não obstruído, derivam espontaneamente, através dele, os fluidos espirituais e atuam sobre o mundo material. E é por isto mesmo que "tudo é possível àquele que tem fé"; "tudo o que pedirdes em meu nome, crede que o recebereis".

E acontece aquilo que se chama "milagre", isto é, a invasão do mundo espiritual no mundo material da natureza.

Dia virá em que o chamado "milagre" passará a fazer parte integrante da ciência e vida normal do homem, assim como, em nossos dias, a eletricidade, o magnetismo, a energia nuclear e outras forças, outrora misteriosas e hoje conhecidas, fazem parte da vida do homem do século vinte.

PERFIL BIOGRÁFICO

Huberto Rohden

Nasceu em Tubarão, Santa Catarina, Brasil. Fez estudos no Rio Grande do Sul. Formou-se em Ciências, Filosofia e Teologia em Universidades da Europa — Innsbruck (Áustria), Valkenburg (Holanda) e Nápoles (Itália).

De regresso ao Brasil, trabalhou como professor, conferencista e escritor. Publicou mais de 65 obras sobre ciência, filosofia e religião, entre as quais várias foram traduzidas em outras línguas, inclusive o Esperanto; algumas existem em Braille, para institutos de cegos.

Rohden não está filiado a nenhuma igreja, seita ou partido político. Fundou e dirigiu o movimento mundial Alvorada, com sede em São Paulo.

De 1945 a 1946 teve uma Bolsa de Estudos para Pesquisas Científicas, na Universidade de Princeton, New Jersey (Estados Unidos), onde conviveu com Albert Einstein e lançou os alicerces para o movimento de âmbito mundial da Filosofia Univérsica, tomando por base do pensamento e da vida humana a constituição do próprio Universo, evidenciando a afinidade entre Matemática, Metafísica e Mística.

Em 1946, Huberto Rohden foi convidado pela American University, de Washington, D.C., para reger as cátedras de Filosofia Universal e de Religiões Comparadas, cargo este que exerceu durante cinco anos.

Durante a última Guerra Mundial foi convidado pelo Bureau of Inter-American Affairs, de Washington, para fazer parte do corpo de tradutores das notícias de guerra, do inglês para o português. Ainda na American University, de Washington, fundou o Brazilian Center, centro cultural brasileiro, com o fim de manter intercâmbio cultural entre o Brasil e os Estados Unidos.

Na capital dos Estados Unidos, Rohden freqüentou, durante três anos, o Golden Lotus Temple, onde foi iniciado em *Kriya Yôga* por Swami Premananda, diretor hindu desse *ashram*.

Ao fim de sua permanência nos Estados Unidos, Huberto Rohden foi convidado para fazer parte do corpo docente da nova International Christian University (ICU) de Metaka, Japão, a fim de reger as cátedras de Filosofia Universal e Religiões Comparadas; mas, por causa da guerra na Coréia, a universidade japonesa não foi inaugurada, e Rohden regressou ao Brasil. Em São Paulo foi nomeado professor de Filosofia na Universidade Mackenzie, cargo do qual não tomou posse.

Em 1952, fundou em São Paulo a Instituição Cultural e Beneficente Alvorada, onde mantinha cursos permanentes em São Paulo, Rio de Janeiro e Goiânia, sobre Filosofia Univérsica e Filosofia do Evangelho, e dirigia Casas de Retiro Espiritual (*ashrams*) em diversos estados do Brasil.

Em 1969, Huberto Rohden empreendeu viagens de estudo e experiência espiritual pela Palestina, Egito, Índia e Nepal, realizando diversas conferências com grupos de iogues na Índia.

Em 1976, Rohden foi chamado a Portugal para fazer conferências sobre autoconhecimento e auto-realização. Em Lisboa fundou um setor do Centro de Auto-Realização Alvorada.

Nos últimos anos, Rohden residia na capital de São Paulo, onde permanecia alguns dias da semana escrevendo e reescrevendo seus livros, nos textos definitivos. Costumava passar três dias da semana no *ashram*, em contato com a natureza, plantando árvores, flores ou trabalhando no seu apiário-modelo.

Quando estava na capital, Rohden freqüentava periodicamente a editora responsável pela publicação de seus livros, dando-lhe orientação cultural e inspiração.

Fundamentalmente, toda a obra educacional e filosófica de Rohden divide-se em grandes segmentos: 1) a sede central da Instituição (Centro de Auto-Realização), em São Paulo, que tem a finalidade de ministrar cursos e horas de meditação; 2) o *ashram*, situado a 70 quilômetros da capital, onde são dados, periodicamente, os Retiros Espirituais, de três dias completos; 3) a Editora Martin Claret, de São Paulo, que difunde, através de livros, a Filosofia Univérsica; 4) um grupo de dedicados e fiéis amigos, alunos e discípulos, que trabalham na consolidação e continuação da sua obra educacional.

À zero hora do dia 8 de outubro de 1981, após longa internação em uma clínica naturista de São Paulo, aos 87 anos, o professor Huberto Rohden partiu deste mundo e do convívio de seus amigos e discípulos. Suas últimas palavras em estado consciente foram: "Eu vim para servir a Humanidade".

Rohden deixa, para as gerações futuras, um legado cultural e um exemplo de fé e trabalho somente comparados aos dos grandes homens do nosso século.

Huberto Rohden é o principal editando da Editora Martin Claret.

 ⊠

Relação de obras do Prof. Huberto Rohden

Coleção Filosofia Universal:

O Pensamento Filosófico da Antiguidade
A Filosofia Contemporânea
O Espírito da Filosofia Oriental

Coleção Filosofia do Evangelho:

Filosofia Cósmica do Evangelho
O Sermão da Montanha
Assim Dizia o Mestre
O Triunfo da Vida Sobre a Morte
O Nosso Mestre

Coleção Filosofia da Vida:

De Alma para Alma
Ídolos ou Ideal?
Escalando o Himalaia
O Caminho da Felicidade
Deus
Em Espírito e Verdade
Em Comunhão com Deus
Cosmorama
Porque Sofremos

Lúcifer e Lógos
A Grande Libertação
Bhagavad Gita (tradução)
Setas para o Infinito
Entre Dois Mundos
Minhas Vivências na Palestina, Egito e Índia
Filosofia da Arte
A Arte de Curar pelo Espírito. Autor: Joel Goldsmith (tradução de Huberto Rohden)
Orientando
"Que Vos Parece do Cristo?"
Educação do Homem Integral
Dias de Grande Paz (tradução)
O Drama Milenar do Cristo e do Anticristo
Luzes e Sombras da Alvorada
Roteiro Cósmico
A Metafísica do Cristianismo
A Voz do Silêncio
Tao Te Ching de Lao-Tsé (tradução) - ilustrado
Sabedoria das Parábolas
O 5º Evangelho Segundo Tomé (tradução)
A Nova Humanidade
A Mensagem Viva do Cristo (Os Quatro Evangelhos - tradução)
Rumo à Consciência Cósmica
O Homem
Estratégias de Lúcifer
O Homem e o Universo
Imperativos da Vida
Profanos e Iniciados
Novo Testamento
Lampejos Evangélicos
O Cristo Cósmico e os Essênios
A Experiência Cósmica

Coleção Mistérios da Natureza:

Maravilhas do Universo
Alegorias
Ísis
Por Mundos Ignotos

Coleção Biografias:

Paulo de Tarso
Agostinho
Por um Ideal - 2 vols. - autobiografia
Mahatma Gandhi - ilustrado
Jesus Nazareno - 2 vols.
Einstein - O Enigma da Matemática - ilustrado
Pascal - ilustrado
Myriam

Coleção Opúsculos:

Saúde e Felicidade pela Cosmo-Meditação
Catecismo da Filosofia
Assim Dizia Mahatma Gandhi (100 Pensamentos)
Aconteceu Entre 2000 e 3000
Ciência, Milagre e Oração são Compatíveis?
Centros de Auto-Realização

Sumário

Advertência do autor..11
Prefácio do editor para esta edição 13

PRIMEIRA PARTE
PORQUE SOFREMOS: UMA RESPOSTA UNIVÉRSICA

Introdução 17
O sofrimento evolutivo da natureza e na humanidade 19
Origem e natureza do sofrimento humano 22
Sofrimento substitutivo 26
Sofrimento — crédito 29
Sofredores profanos e iniciados 32
Eu e os meus defuntos... 35
A arte de curar pelo espírito 39
A arte de morrer antes de ser morto 42
Porque e como Jesus sofreu 45
Objetivos da vida ou razão-de-ser da existência 48
Até agora ninguém morreu 51
A verdade para além da mística 54
No velório — a vida depois da vida 58
A ninfa oculta no bloco de mármore 61

Da lagarta à borboleta 63
Apoteose do sofrimento feliz 65
A sabedoria do sofrimento 68
Gozadores infelizes e sofredores felizes 70

SEGUNDA PARTE
TEXTOS COMPLEMENTARES SOBRE O SOFRIMENTO, EXTRAÍDOS DE OUTROS LIVROS DO AUTOR

Por que sofrer? 75
A culpa de todos é o sofrimento de muitos 77
Por que está o homem espiritual sujeito a doenças? 79
"Bem-aventurados os que sofrem perseguição por causa
  da justiça, porque deles é o Reino dos Céus" 84
Sofrimento redentor 89
Foge da tua "felicidade" e serás feliz! 91
Pensa positivamente! 95
Conhece os milionários da felicidade! 99
Realização do homem integral — Cosmoterapia 102
Como realizar a Cosmoterapia 108

TERCEIRA PARTE
CIÊNCIA, MILAGRE E ORAÇÃO SÃO COMPATÍVEIS?

O milagre é contra as Leis da Natureza? 115
Pode a oração modificar as Leis da Natureza? 121
Que é orar? Um ato ou uma atitude? 127
Perfil biográfico 133
Relação de obras do Prof. Huberto Rohden 137

O Objetivo, a filosofia e a missão da Editora Martin Claret

O principal objetivo da Martin Claret é contribuir para a difusão da educação e da cultura, por meio da democratização do livro, usando canais de comercialização habituais, além de criar novos.

A filosofia de trabalho da Martin Claret consiste em produzir livros de qualidade a um preço acessível, para que possam ser apreciados pelo maior número possível de leitores.

A missão da Martin Claret é conscientizar e motivar as pessoas a desenvolver e utilizar o seu pleno potencial espiritual, mental, emocional e social.

O livro muda as pessoas. Revolucione-se: leia mais para ser mais!

MARTIN CLARET

Relação dos Volumes Publicados

1. **Dom Casmurro**
   Machado de Assis
2. **O Príncipe**
   Maquiavel
3. **Mensagem**
   Fernando Pessoa
4. **O Lobo do Mar**
   Jack London
5. **A Arte da Prudência**
   Baltasar Gracián
6. **Iracema / Cinco Minutos**
   José de Alencar
7. **Inocência**
   Visconde de Taunay
8. **A Mulher de 30 Anos**
   Honoré de Balzac
9. **A Moreninha**
   Joaquim Manuel de Macedo
10. **A Escrava Isaura**
    Bernardo Guimarães
11. **As Viagens - "Il Milione"**
    Marco Polo
12. **O Retrato de Dorian Gray**
    Oscar Wilde
13. **A Volta ao Mundo em 80 Dias**
    Júlio Verne
14. **A Carne**
    Júlio Ribeiro
15. **Amor de Perdição**
    Camilo Castelo Branco
16. **Sonetos**
    Luís de Camões
17. **O Guarani**
    José de Alencar
18. **Memórias Póstumas de Brás Cubas**
    Machado de Assis
19. **Lira dos Vinte Anos**
    Álvares de Azevedo
20. **Apologia de Sócrates / Banquete**
    Platão
21. **A Metamorfose/Um Artista da Fome/Carta a Meu Pai**
    Franz Kafka
22. **Assim Falou Zaratustra**
    Friedrich Nietzsche
23. **Triste Fim de Policarpo Quaresma**
    Lima Barreto
24. **A Ilustre Casa de Ramires**
    Eça de Queirós
25. **Memórias de um Sargento de Milícias**
    Manuel Antônio de Almeida
26. **Robinson Crusoé**
    Daniel Defoe
27. **Espumas Flutuantes**
    Castro Alves
28. **O Ateneu**
    Raul Pompéia
29. **O Noviço / O Juiz de Paz da Roça / Quem Casa Quer Casa**
    Martins Pena
30. **A Relíquia**
    Eça de Queirós
31. **O Jogador**
    Dostoiévski
32. **Histórias Extraordinárias**
    Edgar Allan Poe
33. **Os Lusíadas**
    Luís de Camões
34. **As Aventuras de Tom Sawyer**
    Mark Twain
35. **Bola de Sebo e Outros Contos**
    Guy de Maupassant
36. **A República**
    Platão
37. **Elogio da Loucura**
    Erasmo de Rotterdam
38. **Caninos Brancos**
    Jack London
39. **Hamlet**
    William Shakespeare
40. **A Utopia**
    Thomas More
41. **O Processo**
    Franz Kafka
42. **O Médico e o Monstro**
    Robert Louis Stevenson
43. **Ecce Homo**
    Friedrich Nietzsche
44. **O Manifesto do Partido Comunista**
    Marx e Engels
45. **Discurso do Método / Meditações**
    René Descartes
46. **Do Contrato Social**
    Jean-Jacques Rousseau
47. **A Luta pelo Direito**
    Rudolf von Ihering
48. **Dos Delitos e das Penas**
    Cesare Beccaria
49. **A Ética Protestante e o Espírito do Capitalismo**
    Max Weber
50. **O Anticristo**
    Friedrich Nietzsche
51. **Os Sofrimentos do Jovem Werther**
    Goethe
52. **As Flores do Mal**
    Charles Baudelaire
53. **Ética a Nicômaco**
    Aristóteles
54. **A Arte da Guerra**
    Sun Tzu
55. **Imitação de Cristo**
    Tomás de Kempis
56. **Cândido ou o Otimismo**
    Voltaire
57. **Rei Lear**
    William Shakespeare
58. **Frankenstein**
    Mary Shelley
59. **Quincas Borba**
    Machado de Assis
60. **Fedro**
    Platão
61. **Política**
    Aristóteles
62. **A Viuvinha / Encarnação**
    José de Alencar
63. **As Regras do Método Sociológico**
    Émile Durkheim
64. **O Cão dos Baskervilles**
    Sir Arthur Conan Doyle
65. **Contos Escolhidos**
    Machado de Assis
66. **Da Morte / Metafísica do Amor / Do Sofrimento do Mundo**
    Arthur Schopenhauer
67. **As Minas do Rei Salomão**
    Henry Rider Haggard
68. **Manuscritos Econômico-Filosóficos**
    Karl Marx
69. **Um Estudo em Vermelho**
    Sir Arthur Conan Doyle
70. **Meditações**
    Marco Aurélio
71. **A Vida das Abelhas**
    Maurice Materlinck
72. **O Cortiço**
    Aluísio Azevedo
73. **Senhora**
    José de Alencar
74. **Brás, Bexiga e Barra Funda / Laranja da China**
    Antônio de Alcântara Machado
75. **Eugênia Grandet**
    Honoré de Balzac
76. **Contos Gauchescos**
    João Simões Lopes Neto
77. **Esaú e Jacó**
    Machado de Assis
78. **O Desespero Humano**
    Sören Kierkegaard
79. **Dos Deveres**
    Cícero
80. **Ciência e Política**
    Max Weber
81. **Satíricon**
    Petrônio
82. **Eu e Outras Poesias**
    Augusto dos Anjos
83. **Farsa de Inês Pereira / Auto da Barca do Inferno / Auto da Alma**
    Gil Vicente
84. **A Desobediência Civil e Outros Escritos**
    Henry David Toreau
85. **Para Além do Bem e do Mal**
    Friedrich Nietzsche
86. **A Ilha do Tesouro**
    R. Louis Stevenson
87. **Marília de Dirceu**
    Tomás A. Gonzaga
88. **As Aventuras de Pinóquio**
    Carlo Collodi
89. **Segundo Tratado Sobre o Governo**
    John Locke
90. **Amor de Salvação**
    Camilo Castelo Branco
91. **Broquéis/Faróis/Últimos Sonetos**
    Cruz e Souza
92. **I-Juca-Pirama / Os Timbiras / Outros Poemas**
    Gonçalves Dias
93. **Romeu e Julieta**
    William Shakespeare
94. **A Capital Federal**
    Arthur Azevedo
95. **Diário de um Sedutor**
    Sören Kierkegaard
96. **Carta de Pero Vaz de Caminha a El-Rei Sobre o Achamento do Brasil**
97. **Casa de Pensão**
    Aluísio Azevedo
98. **Macbeth**
    William Shakespeare

99. **Édipo Rei/Antígona**
    Sófocles
100. **Lucíola**
    José de Alencar
101. **As Aventuras de Sherlock Holmes**
    Sir Arthur Conan Doyle
102. **Bom-Crioulo**
    Adolfo Caminha
103. **Helena**
    Machado de Assis
104. **Poemas Satíricos**
    Gregório de Matos
105. **Escritos Políticos /
    A Arte da Guerra**
    Maquiavel
106. **Ubirajara**
    José de Alencar
107. **Diva**
    José de Alencar
108. **Eurico, o Presbítero**
    Alexandre Herculano
109. **Os Melhores Contos**
    Lima Barreto
110. **A Luneta Mágica**
    Joaquim Manuel de Macedo
111. **Fundamentação da Metafísica dos Costumes e Outros Escritos**
    Immanuel Kant
112. **O Príncipe e o Mendigo**
    Mark Twain
113. **O Domínio de Si Mesmo pela Auto-Sugestão Consciente**
    Émile Coué
114. **O Mulato**
    Aluísio Azevedo
115. **Sonetos**
    Florbela Espanca
116. **Uma Estadia no Inferno /
    Poemas / Carta do Vidente**
    Arthur Rimbaud
117. **Várias Histórias**
    Machado de Assis
118. **Fédon**
    Platão
119. **Poesias**
    Olavo Bilac
120. **A Conduta para a Vida**
    Ralph Waldo Emerson
121. **O Livro Vermelho**
    Mao Tsé-Tung
122. **Oração aos Moços**
    Rui Barbosa
123. **Otelo, o Mouro de Veneza**
    William Shakespeare
124. **Ensaios**
    Ralph Waldo Emerson
125. **De Profundis / Balada do Cárcere de Reading**
    Oscar Wilde
126. **Crítica da Razão Prática**
    Immanuel Kant
127. **A Arte de Amar**
    Ovídio Naso
128. **O Tartufo ou O Impostor**
    Molière
129. **Metamorfoses**
    Ovídio Naso
130. **A Gaia Ciência**
    Friedrich Nietzsche
131. **O Doente Imaginário**
    Molière
132. **Uma Lágrima de Mulher**
    Aluísio Azevedo
133. **O Último Adeus de Sherlock Holmes**
    Sir Arthur Conan Doyle
134. **Canudos - Diário de Uma Expedição**
    Euclides da Cunha
135. **A Doutrina de Buda**
    Siddharta Gautama
136. **Tao Te Ching**
    Lao-Tsé
137. **Da Monarquia / Vida Nova**
    Dante Alighieri
138. **A Brasileira de Prazins**
    Camilo Castelo Branco
139. **O Velho da Horta/Quem Tem Farelos?/Auto da Índia**
    Gil Vicente
140. **O Seminarista**
    Bernardo Guimarães
141. **O Alienista / Casa Velha**
    Machado de Assis
142. **Sonetos**
    Manuel du Bocage
143. **O Mandarim**
    Eça de Queirós
144. **Noite na Taverna / Macário**
    Álvares de Azevedo
145. **Viagens na Minha Terra**
    Almeida Garrett
146. **Sermões Escolhidos**
    Padre Antonio Vieira
147. **Os Escravos**
    Castro Alves
148. **O Demônio Familiar**
    José de Alencar
149. **A Mandrágora /
    Belfagor, o Arquidiabo**
    Maquiavel
150. **O Homem**
    Aluísio Azevedo
151. **Arte Poética**
    Aristóteles
152. **A Megera Domada**
    William Shakespeare
153. **Alceste/Electra/Hipólito**
    Eurípedes
154. **O Sermão da Montanha**
    Huberto Rohden
155. **O Cabeleira**
    Franklin Távora
156. **Rubáiyát**
    Omar Khayyám
157. **Luzia-Homem**
    Domingos Olímpio
158. **A Cidade e as Serras**
    Eça de Queirós
159. **A Retirada da Laguna**
    Visconde de Taunay
160. **A Viagem ao Centro da Terra**
    Júlio Verne
161. **Caramuru**
    Frei Santa Rita Durão
162. **Clara dos Anjos**
    Lima Barreto
163. **Memorial de Aires**
    Machado de Assis
164. **Bhagavad Gita**
    Krishna
165. **O Profeta**
    Khalil Gibran
166. **Aforismos**
    Hipócrates
167. **Kama Sutra**
    Vatsyayana
168. **O Livro da Jângal**
    Rudyard Kipling
169. **De Alma para Alma**
    Huberto Rohden
170. **Orações**
    Cícero
171. **Sabedoria das Parábolas**
    Huberto Rohden
172. **Salomé**
    Oscar Wilde
173. **Do Cidadão**
    Thomas Hobbes
174. **Porque Sofremos**
    Huberto Rohden
175. **Einstein: o Enigma do Universo**
    Huberto Rohden
176. **A Mensagem Viva do Cristo**
    Huberto Rohden
177. **Mahatma Gandhi**
    Huberto Rohden
178. **A Cidade do Sol**
    Tommaso Campanella
179. **Setas para o Infinito**
    Huberto Rohden
180. **A Voz do Silêncio**
    Helena Blavatsky
181. **Frei Luís de Sousa**
    Almeida Garrett
182. **Fábulas**
    Esopo
183. **Cântico de Natal/
    Os Carrilhões**
    Charles Dickens
184. **Contos**
    Eça de Queirós
185. **O Pai Goriot**
    Honoré de Balzac
186. **Noites Brancas e Outras Histórias**
    Dostoiévski
187. **Minha Formação**
    Joaquim Nabuco
188. **Pragmatismo**
    William James
189. **Discursos Forenses**
    Enrico Ferri
190. **Medéia**
    Eurípedes
191. **Discursos de Acusação**
    Enrico Ferri
192. **A Ideologia Alemã**
    Marx & Engels
193. **Prometeu Acorrentado**
    Ésquilo
194. **Iaiá Garcia**
    Machado de Assis
195. **Discursos no Instituto dos Advogados Brasileiros /
    Discurso no Colégio Anchieta**
    Rui Barbosa
196. **Édipo em Colono**
    Sófocles
197. **A Arte de Curar pelo Espírito**
    Joel S. Goldsmith
198. **Jesus, o Filho do Homem**
    Khalil Gibran
199. **Discurso sobre a Origem e os Fundamentos da Desigualdade entre os Homens**
    Jean-Jacques Rousseau

200. **Fábulas**
La Fontaine
201. **O Sonho de uma Noite de Verão**
William Shakespeare
202. **Maquiavel, o Poder**
José Nivaldo Junior
203. **Ressurreição**
Machado de Assis
204. **O Caminho da Felicidade**
Huberto Rohden
205. **A Velhice do Padre Eterno**
Guerra Junqueiro
206. **O Sertanejo**
José de Alencar
207. **Gitanjali**
Rabindranath Tagore
208. **Senso Comum**
Thomas Paine
209. **Canaã**
Graça Aranha
210. **O Caminho Infinito**
Joel S. Goldsmith
211. **Pensamentos**
Epicuro
212. **A Letra Escarlate**
Nathaniel Hawthorne
213. **Autobiografia**
Benjamin Franklin
214. **Memórias de Sherlock Holmes**
Sir Arthur Conan Doyle
215. **O Dever do Advogado / Posse de Direitos Pessoais**
Rui Barbosa
216. **O Tronco do Ipê**
José de Alencar
217. **O Amante de Lady Chatterley**
D. H. Lawrence
218. **Contos Amazônicos**
Inglês de Souza
219. **A Tempestade**
William Shakespeare
220. **Ondas**
Euclides da Cunha
221. **Educação do Homem Integral**
Huberto Rohden
222. **Novos Rumos para a Educação**
Huberto Rohden
223. **Mulherzinhas**
Louise May Alcott
224. **A Mão e a Luva**
Machado de Assis
225. **A Morte de Ivan Ilicht / Senhores e Servos**
Leon Tolstói
226. **Álcoois e Outros Poemas**
Apollinaire
227. **Pais e Filhos**
Ivan Turguêniev
228. **Alice no País das Maravilhas**
Lewis Carroll
229. **À Margem da História**
Euclides da Cunha
230. **Viagem ao Brasil**
Hans Staden
231. **O Quinto Evangelho**
Tomé
232. **Lorde Jim**
Joseph Conrad

233. **Cartas Chilenas**
Tomás Antônio Gonzaga
234. **Odes Modernas**
Anntero de Quental
235. **Do Cativeiro Babilônico da Igreja**
Martinho Lutero
236. **O Coração das Trevas**
Joseph Conrad
237. **Thais**
Anatole France
238. **Andrômaca / Fedra**
Racine
239. **As Catilinárias**
Cícero
240. **Recordações da Casa dos Mortos**
Dostoiévski
241. **O Mercador de Veneza**
William Shakespeare
242. **A Filha do Capitão / A Dama de Espadas**
Aleksandr Púchkin
243. **Orgulho e Preconceito**
Jane Austen
244. **A Volta do Parafuso**
Henry James
245. **O Gaúcho**
José de Alencar
246. **Tristão e Isolda**
Lenda Medieval Celta de Amor
247. **Poemas Completos de Alberto Caeiro**
Fernando Pessoa
248. **Maiakóvsski**
Vida e Poesia
249. **Sonetos**
William Shakespeare
250. **Poesia de Ricardo Reis**
Fernando Pessoa
251. **Papéis Avulsos**
Machado de Assis
252. **Contos Fluminenses**
Machado de Assis
253. **O Bobo**
Alexandre Herculano
254. **A Oração da Coroa**
Demóstenes
255. **O Castelo**
Franz Kafka
256. **O Trovejar do Silêncio**
Joel S. Goldsmith
257. **Alice na Casa dos Espelhos**
Lewis Carrol
258. **Miséria da Filosofia**
Karl Marx
259. **Júlio César**
William Shakespeare
260. **Antônio e Cleópatra**
William Shakespeare
261. **Filosofia da Arte**
Huberto Rohden
262. **A Alma Encantadora das Ruas**
João do Rio
263. **A Normalista**
Adolfo Caminha
264. **Pollyanna**
Eleanor H. Porter
265. **As Pupilas do Senhor Reitor**
Júlio Diniz
266. **As Primaveras**
Casimiro de Abreu

267. **Fundamentos do Direito**
Léon Duguit
268. **Discursos de Metafísica**
G. W. Leibniz
269. **Sociologia e Filosofiia**
Emile Durkheim
270. **Cancioneiro**
Fernando Pessoa
271. **A Dama das Camélias**
Alexandre Dumas (filho)
272. **O Divórcio / As Bases da Fé / e outros textos**
Rui Barbosa
273. **Pollyanna Moça**
Eleanor H. Porter
274. **O 18 Brumário de Luís Bonaparte**
Karl Marx
275. **Teatro de Machado de Assis**
Antologia
276. **Cartas Persas**
Montesquieu
277. **Em Comunhão com Deus**
Huberto Rohden
278. **Razão e Sensibilidade**
Jane Austen
279. **Crônicas Selecionadas**
Machado de Assis
280. **Histórias da Meia-Noite**
Machado de Assis
281. **Cyrano de Bergerac**
Edmond Rostand
282. **O Maravilhoso Mágico de Oz**
L. Frank Baum
283. **Trocando Olhares**
Florbela Espanca
284. **O Pensamento Filosófico da Antiguidade**
Huberto Rohden
285. **Filosofia Contemporânea**
Huberto Rohden
286. **O Espírito da Filosofia Oriental**
Huberto Rohden
287. **A Pele do Lobo / O Badejo / o Dote**
Artur Azevedo
288. **Os Bruzundangas**
Lima Barreto
289. **A Pata da Gazela**
José de Alencar
290. **O Vale do Terror**
Sir Arthur Conan Doyle
291. **O Signo dos Quatro**
Sir Arthur Conan Doyle
292. **As Máscaras do Destino**
Florbela Espanca
293. **A Confissão de Lúcio**
Mário de Sá-Carneiro
294. **Falenas**
Machado de Assis
295. **O Uraguai / A Declamação Trágica**
Basílio da Gama
296. **Crisálidas**
Machado de Assis
297. **Americanas**
Machado de Assis
298. **A Carteira de Meu Tio**
Joaquim Manuel de Macedo
299. **Catecismo da Filosofia**
Huberto Rohden
301. **Rumo à Consciência Cósmica**
Huberto Rohden

302. **COSMOTERAPIA**
 Huberto Rohden

303. **BODAS DE SANGUE**
 Federico García Lorca

304. **DISCURSO DA SERVIDÃO VOLUNTÁRIA**
 Etienne de la Boétie

305. **CATEGORIAS**
 Aristóteles

306. **MANON LESCAUT**
 Abade Prévost

307. **TEOGONIA / TRABALHOS E DIAS**
 Hesíodo

308. **AS VÍTIMAS ALGOZES**
 Joaquim Manuel de Macedo

309. **PERSUASÃO**
 Jane Austen

SÉRIE OURO
(Livros com mais de 400 p.)

1. **LEVIATÃ**
 Thomas Hobbes

2. **A CIDADE ANTIGA**
 Fustel de Coulanges

3. **CRÍTICA DA RAZÃO PURA**
 Immanuel Kant

4. **CONFISSÕES**
 Santo Agostinho

5. **OS SERTÕES**
 Euclides da Cunha

6. **DICIONÁRIO FILOSÓFICO**
 Voltaire

7. **A DIVINA COMÉDIA**
 Dante Alighieri

8. **ÉTICA DEMONSTRADA À MANEIRA DOS GEÔMETRAS**
 Baruch de Spinoza

9. **DO ESPÍRITO DAS LEIS**
 Montesquieu

10. **O PRIMO BASÍLIO**
 Eça de Queirós

11. **O CRIME DO PADRE AMARO**
 Eça de Queirós

12. **CRIME E CASTIGO**
 Dostoiévski

13. **FAUSTO**
 Goethe

14. **O SUICÍDIO**
 Emile Durkheim

15. **ODISSÉIA**
 Homero

16. **PARAÍSO PERDIDO**
 John Milton

17. **DRÁCULA**
 Bram Stocker

18. **ILÍADA**
 Homero

19. **AS AVENTURAS DE HUCKLEBERRY FINN**
 Mark Twain

20. **PAULO – O 13º APÓSTOLO**
 Ernest Renan

21. **ENEIDA**
 Virgílio

22. **PENSAMENTOS**
 Blaise Pascal

23. **A ORIGEM DAS ESPÉCIES**
 Charles Darwin

24. **VIDA DE JESUS**
 Ernest Renan

25. **MOBY DICK**
 Herman Melville

26. **OS IRMÃOS KARAMAZOVI**
 Dostoiévski

27. **O MORRO DOS VENTOS UIVANTES**
 Emily Brontë

28. **VINTE MIL LÉGUAS SUBMARINAS**
 Júlio Verne

29. **MADAME BOVARY**
 Gustave Flaubert

30. **O VERMELHO E O NEGRO**
 Stendhal

31. **OS TRABALHADORES DO MAR**
 Victor Hugo

32. **A VIDA DOS DOZE CÉSARES**
 Suetônio

34. **O IDIOTA**
 Dostoiévski

35. **PAULO DE TARSO**
 Huberto Rohden

36. **O PEREGRINO**
 John Bunyan

37. **AS PROFECIAS**
 Nostradamus

38. **NOVO TESTAMENTO**
 Huberto Rohden

39. **O CORCUNDA DE NOTRE DAME**
 Victor Hugo

40. **ARTE DE FURTAR**
 Anônimo do século XVII

41. **GERMINAL**
 Émile Zola

42. **FOLHAS DE RELVA**
 Walt Whitman

43. **BEN-HUR — UMA HISTÓRIA DOS TEMPOS DE CRISTO**
 Lew Wallace

44. **OS MAIAS**
 Eça de Queirós

45. **O LIVRO DA MITOLOGIA**
 Thomas Bulfinch

46. **OS TRÊS MOSQUETEIROS**
 Alexandre Dumas

47. **POESIA DE ÁLVARO DE CAMPOS**
 Fernando Pessoa

48. **JESUS NAZARENO**
 Huberto Rohden

49. **GRANDES ESPERANÇAS**
 Charles Dickens

50. **A EDUCAÇÃO SENTIMENTAL**
 Gustave Flaubert

51. **O CONDE DE MONTE CRISTO (VOLUME I)**
 Alexandre Dumas

52. **O CONDE DE MONTE CRISTO (VOLUME II)**
 Alexandre Dumas

53. **OS MISERÁVEIS (VOLUME I)**
 Victor Hugo

54. **OS MISERÁVEIS (VOLUME II)**
 Victor Hugo

55. **DOM QUIXOTE DE LA MANCHA (VOLUME I)**
 Miguel de Cervantes

56. **DOM QUIXOTE DE LA MANCHA (VOLUME II)**
 Miguel de Cervantes

58. **CONTOS ESCOLHIDOS**
 Artur Azevedo

59. **AS AVENTURAS DE ROBIN HOOD**
 Howard Pyle